AF590973

FÉLICIEN CHAMPSAUR

Parisiennes

PARIS

ALPHONSE LEMERRE, ÉDITEUR

27-31, PASSAGE CHOISEUL, 27-31

M DCCC LXXXVII

A

cordialement.

Parisiennes

8° Z Le Senne 4320

ROMANS

Dinah Samuel, 7ᵉ édition 3 50
Miss America, 6ᵉ édition 3 50
Le Cœur, 4ᵉ édition 3 50

NOUVELLES

Entrée de Clowns, 3ᵉ mille . . . . 5 »

THÉATRE

Les Bohémiens, ballet lyrique . . . . 5 »

CRITIQUE DOCUMENTAIRE

Le Massacre, 3ᵉ édition 3 50
Le Cerveau de Paris, 3ᵉ édition 3 50
Le Défilé, 4ᵉ édition 3 50

SOUS PRESSE

L'Amant des Danseuses 3 50
La Gomme 3 50

Tous droits réservés.

FÉLICIEN CHAMPSAUR

Parisiennes

PARIS

ALPHONSE LEMERRE, ÉDITEUR

27-31, PASSAGE CHOISEUL, 27-31

M DCCC LXXXVII

PRÉFACE

Ces vers, composés sans but de volume, au hasard de l'inspiration, au petit bonheur des heures, ont, pour la plupart, été publiés dans les journaux du temps, de 1878 à 1880. Je les rassemble aujourd'hui et les présente en groupes, avec leurs suites latentes d'idées; et, si je rappelle la date de leurs premières et éparses apparitions, c'est seulement parce que, — comme écrivit un imitateur, qui l'a avoué un jour de bonne foi, et qui s'en tient trop souvent au décalque, — « la préoccupation de cette manière et de ce style, à n'en pas douter, » marque des écritures récentes.

C'est un genre détestable, diront les conservateurs ; en tout cas, plusieurs l'adoptent. Essayer de sortir des vieilles formes un type de vers qui n'imite pas ceux de Hugo, de Musset, de Lamartine, de Baudelaire, de Leconte de Lisle, ni ceux du dizain de poètes nouveaux et personnels, c'est un défaut ou un mérite. Le livre des proverbes dit : « Sufficiat tibi lac caprarum. » *Le lait de mes chèvres me suffit, et je le bois dans mon verre.*

Chèvres lascives, chèvres de Paris.

Leur tintement, — qui grimpe à Montmartre, dévale vers la place Malesherbes, le quartier de l'Europe et les avenues du bois, sonnant au passage les chansons diverses et fines de Sodome et de Gomorrhe ensemble, — n'a point de notes brutales. Il indique assez, mais ne dit rien de trop, le carillon de leurs clochettes.

Quant à un détail, à l'abandon de la majuscule, —

inutile et même nuisible au fil de la pensée, — au commencement du vers, d'aucuns voient en cette capitale une sorte de Signe maçonnique, cabalistique, qui doit distinguer la poésie ; mais elle n'est point par ce plumet arboré à chaque détour.

Au contraire, la majuscule, — indépendamment, bien entendu, du début des phrases, — peut mettre, au courant du vers ou à son initiale, un mot en saillie, et d'autant plus que les autres majuscules, typographie vaine et puérile des anciens imprimeurs de vers, ne sont plus là pour enlever leur accent ou leur geste aux majuscules voulues.

Il semble encore, ce vers désempanaché, caractéristique de ce volume pour des juges superficiels, qui voudront avoir de l'esprit, marquer plus l'allure verbale et hâtive, donner mieux, — avec l'aide, essentielle, d'un rhythme imagé, enjambeur, adroit et déhanché comme un clown, pittoresque et assoupli, — la tonalité contemporaine, où les exagérations, les sentimentalités déclamatoires, les haussements de voix romantiques, enthousiasmes et lamentations qui font du bruit, ne sont pas élégants, où tous, plus ou moins, dans la politesse sociale, nous cachons, comme l'enfant spartiate, un renard qui nous mange la poitrine, et nous sourions.

Adieu, le vers des aèdes, le vers qu'on chante; voici venir, — et si je ne donne pas son expression littéraire et définitive, il ne peut être blâmable au moins de l'avoir cherchée, et de l'indiquer par un incomplet effort, — un langage pressé, parfois même abréviatif ou télégraphique, dans la bataille de la science, des intérêts, du chiffre et de l'argent. Elle est rapide, la poésie de la vie d'aujourd'hui, où, plus que jamais, tant la lutte est effroyable, multiple, incessante, le rêve doit être discret et tissé de vie.

FÉLICIEN CHAMPSAUR.

Paris, 1887.

FLEURS DE PARIS

A Jules Chéret.

LE BAL DES ROSES

La maison est charmante, et vaste le jardin.
On est en mai. Partout des fleurs, partout la sève,
et la terre, à l'éveil, semble sortir d'un rêve.
On est en mai.
Le vent souffle et pleure soudain.

Venant du nord-ouest, il paraît anodin,
puis il s'enfle. Aux taillis de roses il enlève
pétales et pistils. Il tempête sans trêve
et défait ce que fit Avril incarnadin.

Toute fleur effeuillée entre, en plein, dans la danse,
tournoyant au mistral qui donne la cadence,
et plus d'une périt dans ce bal attristant.

La maison, très tranquille, a les fenêtres closes.
Un bruit, de là, s'envole. On dirait qu'on entend
un air mêlant ses sons au tourbillon des roses.

LES VIOLETTES

On les croit, bien à tort, humbles, les violettes,
pures, et tatata...
Les souffles de l'avril,
dans le ciel attiédi, font leur premier babil.
Les petites, soudain, ouvrent leurs cassolettes.

Des brumes du matin séchant les gouttelettes
au soleil qui caresse étamine et pistil,
ces cocottes, tout bas, appellent le péril
et, dans l'herbe nouvelle, attifent leurs toilettes.

Sournoises, ne voulant avoir d'aspects altiers,
elles font le trottoir tout le long des sentiers,
elles font : « Pst ! pst ! pst !... »
Ce sont des raccrocheuses.

Les malignes, dans l'air, narguant les froids défunts,
pour plaire aux amoureux, griser les amoureuses,
mystérieusement, répandent leurs parfums.

(Extrait du ballet lyrique : *Les Bohémiens*.)

MODERNISME

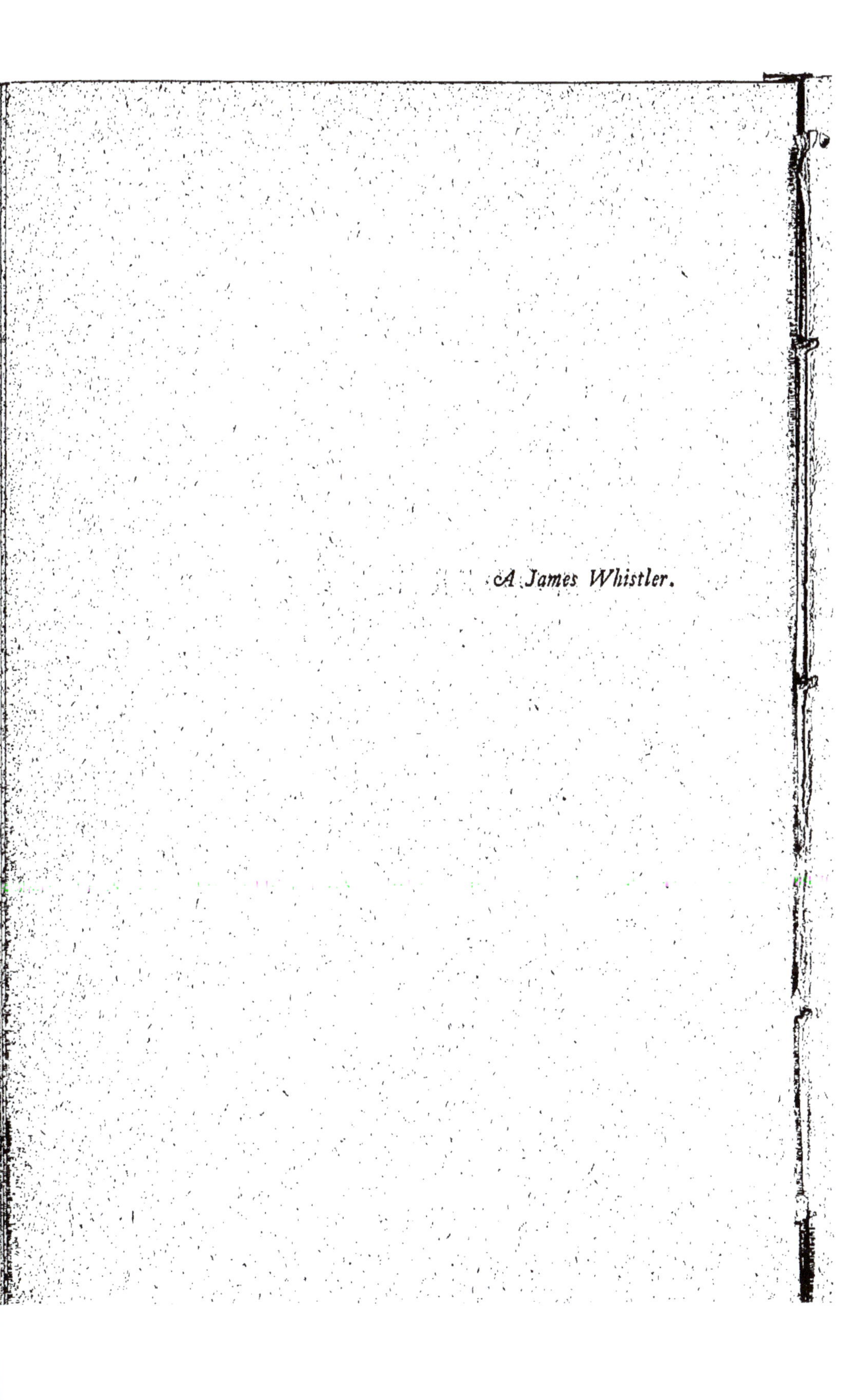

A James Whistler.

EFFET DE NEIGE

Quartier des Gobelins, vers le soir, une place,
en décembre. Maisons, kiosques, tout est blanc.
C'est la neige. L'air est très froid, très froid, brûlant.
Grêle et coquette, luit la fontaine Wallace.

Le crépuscule naît, crépuscule de glace,
probablement. Par-ci, quelques flocons volant
encore. Pas un chat. Aucun ne circulant.
Si, là-bas, une femme. Elle va vite et passe.

Au fond, bien loin, des becs de gaz sont allumés,
six, sept, huit, neuf ou dix. Les cieux sont embrumés.
Une usine à côté. Fort longue cheminée.

On est bleu de ce blanc.
                                        A droite un assommoir;
sur un refuge, une ombre, à peine dessinée,
une ombre en capuchon, sergent de ville noir.

PLACE PIGALLE

Au soleil blanc d'été reluit la devanture
du café gris.
                    Là-bas, une rousse, en landau
loué, file au « persil. » Le cocher vu de dos.
Les arbres tachent l'air d'une sale verdure.

Autour de bocks :
                    « Mon cher, quelle température!
« Toi, fleur de chic, encore à Paris? »
                                        Un badaud
contemple, au grand soleil, le bassin. Mais pas d'eau.
Des peintres sans talent flânent à l'aventure.

Près du bassin à sec, des becs de gaz sans gaz.
Cinq heures un quart. L'heure à l'absinthe. Degas,
de son pas cadencé, débouche d'une rue.

Au coin du boulevard, des types en gibus,
un décadenculet, une bonne, une grue,
attendent le départ du prochain omnibus.

DIX ANS,

VINGT ANS

A Francis Magnard.

FRIMAS NOUVEAUX

Elle avait un bouquet entre ses doigts tremblants,
quelques roses d'hiver en un peu de verdure.
La petite riait, debout dans la froidure,
de voir s'éparpiller, en l'air, les flocons blancs.

Sur elle, et tout autour, ils descendaient très lents
et ténus. La pauvrette admirait la bordure
que l'hiver dentelait à sa robe de bure.
Sa grâce, très naïve, attirait les chalands.

Il prit un franc de fleurs à la mignonne fille,
qui s'écria :
« — Monsieur, la pièce est neuve et brille.
« Chez nous ce sera chic et nous aurons du bois! »

A son cou se tordait un vieux fichu de beige.
Grelottante et joyeuse, elle avait dans la voix
comme le gai frisson de la première neige.

ÉPINGLÉE

(A quatre épingles, tirée à 4, 8, 16, 32.)

Pendant que monsieur met sa seconde chaussette,
ses bottines, ses gants, prend son stick, son chapeau,
madame verse un peu de parfum dans de l'eau,
puis — quand elle a fini — replace la cuvette.

En chemise devant la table de toilette,
elle brunit ses cils, carmine son museau
et poudre ses « nichons. » Monsieur, qui fait le beau,
d'un ton de gommeux pschutt fredonne une ariette.

En glissant les louis convenus pour la nuit,
il embrasse la femme et s'évade sans bruit.
Elle griffonne alors un mot pour un artiste.

Elle adresse à l'amant les louis du crevé :
Monsieur Paul Minetta,
peintre impressionniste,
Boulevard de Clichy, 69.

E. V.

LE ROMAN

D'UNE ACTEUSE

Pour

Alice Penthièvre

NOËL

Hier soir.
L'amoureux est un petit boursier, elle,
une blonde partout, Risette Frétillon,
la maîtresse d'Alice. Ils font le réveillon,
ou du moins vont le faire, avec la bagatelle.

Mais ses yeux sont rêveurs. Risette se rappelle
son village laissé, les vieux, le carillon
des cloches, à Noël, le foyer, le grillon,
cela, parce qu'en bas pleure un violoncelle.

On songe bêtement. Lui, sans savoir pourquoi,
écoute, dans son cœur, une sorte d'émoi,
souvenance naïve, écho lointain et tendre.

Alors, — prenant le train, abandonnant le bruit,
menant l'amour, — tous deux sont partis pour entendre,
pas bien loin, à Chatou, la messe de minuit.

BATAILLES DE L'AMOUR

Jeune encore et couchée à côté d'un vieillard
gourmand de sa peau douce et de son air très crâne,
Alice a des cheveux dorés ; — pour lui, son crâne
enfonce, en netteté, les billes de billard.

La mignonne a le sac d'un financier paillard
et presque impuissant, qui la tira de la « panne. »
Mais c'est dur, le métier ! La blonde se profane
Devant le youtre.
En bas, attend un corbillard.

Il faut gagner l'hôtel qu'elle a sur l'avenue.
La jeune horizontale, adorablement nue,
tâche en vain d'exciter son amant circoncis.

A-t-elle le dégoût, sur le barbon qui tarde,
et tatillonne trop, d'un viveur rentré gris,
s'éveillant, le matin, près d'une vieille garde ?

(Extrait des nouvelles : *Entrée de Clowns.*)

SUR UN ALBUM

Divette qu'on acclame,
Vous voulez un sonnet?
Quelquefois l'amour naît
pour un brin de réclame.

Grévin aime la femme,
son baiser carminé
et le chic contourné
de sa croupe,
                son âme

quand elle en a,
                ses yeux
cerclés souvent des bleus
sombres des chrysantèmes.

Voulez-vous le noter?
Les femmes elles-mêmes
n'ont pu l'en dégoûter.

SORTIE DE FÊTE

Un mannequin habite une chaise à porteurs :
c'est une vieille en cire, à longue chevelure,
blonde lugubrement, à la maigre figure,
à la robe de soie exhalant des senteurs.

Près de la porte elle est, pour que les visiteurs
admirent la maîtresse et soldent l'aventure
d'amour, d'autant plus cher. Pâle, dans l'encoignure,
aux nouveaux prétendants elle cause des peurs.

Hier, un des heureux écrivait à la dame
en cire :
« La dèche est désormais au programme ;
« je quitte ta maîtresse au fauve paradis.

« J'ai chahuté beaucoup. Il est temps que je dorme.
« Dédaignant les lapins, n'ayant plus un radis,
« je pars sous un mouchoir trempé de chloroforme.. »

QUARTIER MONTMARTRE

A Louis Morin.

SOUS LES TOITS

Lui s'éveille, elle ensuite.
A travers les rideaux,
l'aurore vient baiser sa chevelure blonde.
La charmante s'étire, avec la bouche ronde,
et frotte ses yeux bleus comme un bleu pur des eaux.

Prestement elle vêt de gentils oripeaux.
Riant au bon soleil qui de clarté l'inonde,
elle babille et suit son humeur vagabonde.
Tout à coup elle dit :
« J'oubliais mes moineaux ! »

Elle ouvre sa fenêtre aux oiselets qu'elle aime,
prépare de la mie. En l'air elle la sème,
tandis que, dans le lit, l'amant chante à mi-voix :

« Ma belle s'est levée et les fleurs sont écloses.
« Venez manger, pierrots, sur la caisse de bois
« pleine de liserons, dans les clochettes roses... »

REQUIEM

POUR UN OISEAU BLEU

Le couple était divin : une femme aux doux yeux,
un poète aux chansons sonores et viriles.
Pour fortune ils avaient un bel oiseau des îles,
et des myosotis, aux mementos joyeux.

Bleu comme cette fleur et bleu comme les cieux,
l'oiseau charmait, parmi les lourds ennuis des villes,
ces jeunes cœurs épris de mille riens futiles ;
ils l'avaient baptisé d'un nom harmonieux.

Un jour de grosse neige, à la fin de décembre,
il mourut en cherchant, dans l'air gris de la chambre,
des soleils de Java l'éclat et la chaleur.

Pour le pauvre oiselet, l'amante et le poète
creusèrent une tombe, à l'ombre de la fleur
endormie. Et la croix porte : « Ci-gît Bluette. »

PAYSAGE IRONIQUE

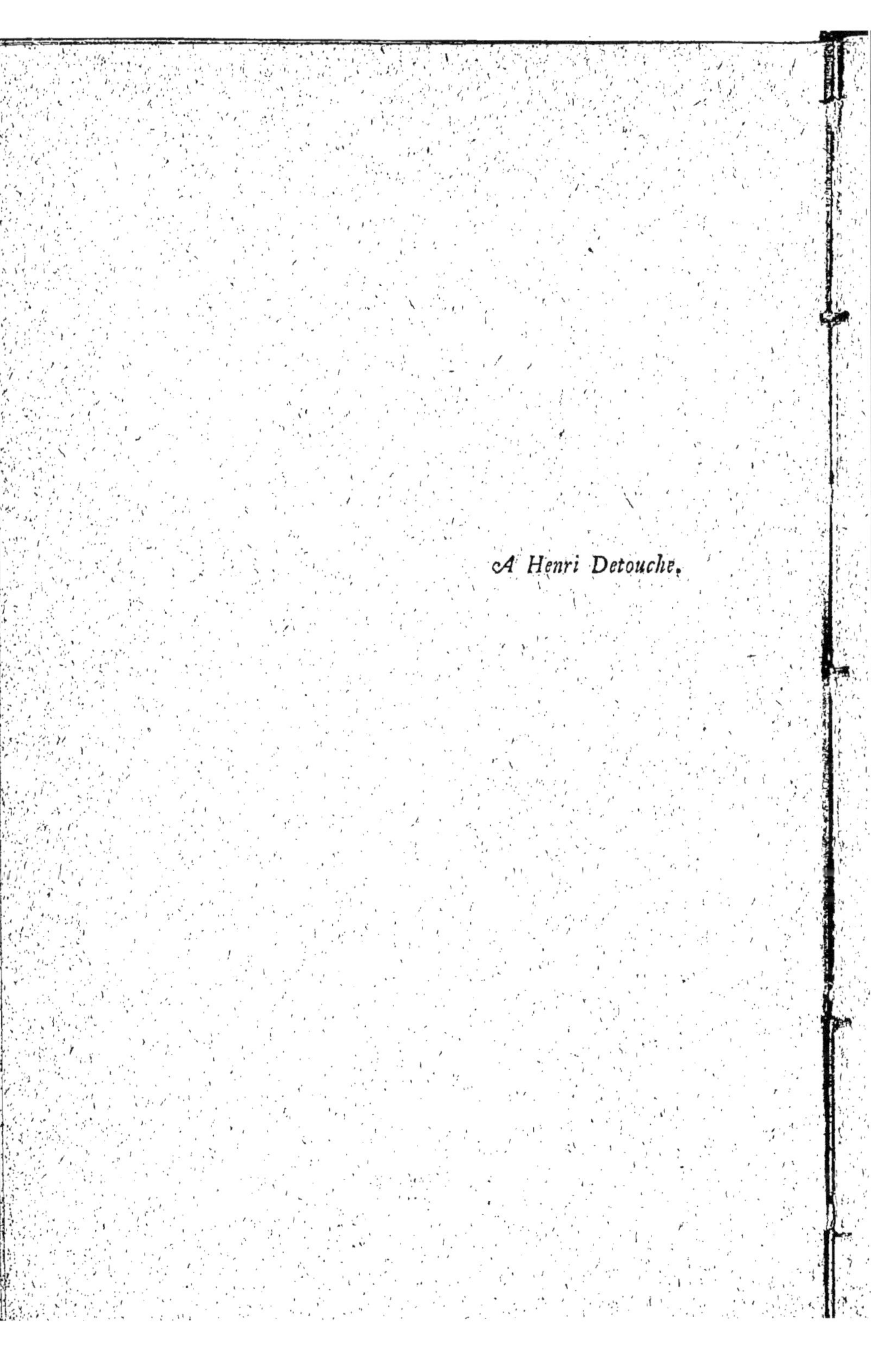

A Henri Detouche.

*
* *

Au ciel la lune brille avec des cornes d'or.

Monsieur, tandis qu'au loin résonne un bruit de cor,
s'amuse avec son chien. Oh! le soir de bien-être!

Sur la terre, une nuit langoureuse enchevêtre
ses fils d'ombre. Madame, au bras de son cousin,
se promène et babille en un sentier voisin.
Le bon mari les suit sans avoir aucun doute.
Ils s'écartent tous deux un peu trop de la route.
Qu'est-ce que cela fait? Pourquoi donc se fâcher?
Dans les vignes, ce soir, sa femme veut marcher.
On n'est pas, en juillet, pour rien à la campagne.
Tous soucis seraient nuls. Son cousin l'accompagne,
un gommeux ridicule, à peine adolescent.

Et, du reste, il les voit.
Sur un ton caressant,
le mari, rassuré, par minutes répète :
« Allons, cherche, Bijou ! » Le chien, queue en trompette,
joyeux, aboie et court.

Un beau chien est vraiment,
après une maîtresse, un compagnon aimant.
Ah ! le brave animal ! Il complète la femme.
Elle a la joliesse où le désir s'affame,
un charme de gaieté qui rit à jeunes dents,
bas de soie et froufrous, les yeux griseurs et, dans
sa grâce callipyge, une profonde rose.
Oui, mais comme aux chats, il lui manque quelque chose,
et c'est le chien qui l'a.
C'est la fidélité.

Le mari se « balade » en la douceur d'été.

Odeurs de foin ; chansons de crapaud ; ciel bleu ; lune ;
vignes, de-ci, de-là, couvrant la plaine brune ;
des échalas ; dans l'herbe, un lampyre qui luit ;
des fils du télégraphe errant parmi la nuit.

Son rêve à présent va, sur les fils parallèles,
vers un corps garçonnet de blonde aux formes grêles,
la petite Sacha qui s'habille si bien,
excitante habillée encor plus qu'avec rien.

Voilà que l'épagneul redresse les oreilles
et, tout à coup, s'enfuit, au galop, vers des treilles,
qui forment un berceau.
                    La femme et le cousin
s'en allaient, tout à l'heure, en un petit chemin.
Seraient-ils égarés?
                    L'épagneul, au loin, trotte.

Monsieur, très agacé, froisse sa redingote.
Il ne voit plus son chien, ni personne.

                              Tout seul,
il appelle sa femme, ensuite l'épagneul.
Aucun d'eux ne répond. « Anatole a l'air bête,
grommèle le mari... Ce garçon est honnête... »

Le gommeux apparaît, parmi les échalas,
dans les feuilles de vigne; et la femme, à son bras,
languissante s'appuie ainsi qu'une épousée.
D'où vient qu'elle est si rouge et peu tranquillisée?
Le chien les dérangea. Que faisaient-ils de mal?
Qu'a-t-il bien pu flairer?
                    Maintenant, l'animal,
comme après un gibier levé, frétille et saute
autour de tous les trois.

                    Le cousin, tête haute,

fumant la cigarette, ainsi qu'un grand gamin :
« Votre femme en courant me tenait par la main,
« et nous sommes tombés... » Monsieur tord sa barbiche ;
il demande : « Cela n'est rien, ma pauvre biche ? »

Sa maîtresse, Paris, 3, square Montholon,
près d'un jeune homme en train d'ôter son pantalon,
elle tout habillée, écrivait :
« ... Coco tendre,
« besoin de dix louis. Ne me fais pas attendre.
« C'est très pressé, mon cher ; c'est pour un tapissier,
« un autre d'avant toi. Car il vient me scier
« le dos, tous les matins.
« Et lâche la campagne.
« Je t'attends en mitron pour être ta compagne,
« dis...
« *Sacha.* ».

...Pour un cerf, au loin, ce bruit de cor ?..
Au ciel la lune brille avec des cornes d'or.

LA MUSE EN TUTU

A

V. Z.

Paris, 1884.

POUR UNE ÉTOILE

Zucchi, la ballerine aux danses langoureuses,
a captivé les cœurs.
Gentilles amoureuses,
Colombines et clowns, partent on ne sait où,
dans l'oubli, dans la nuit d'autrefois, et c'est tout
ce qu'ils ont à faire...
Oui, car les mains parisiennes
applaudissent la mime, aux grâces patriciennes.
Le triomphe est fidèle à ses yeux adorés.
Pour d'autres ni bravos, ni grands paniers dorés,
emplis de fleurs, plus rien. Elle charme, elle affole
la ville...
Gais chagrins de clown qui batifole,
de Pierrette qui rit, ils gambadent, en rond,
autour de sa beauté d'enfer, l'étoile au front,
qui prend tout le succès.

Ils vont partir, moroses, —
les autres, — pour bagage emportant leurs maux roses.

†

SUR LA TOMBE D'UNE DANSEUSE

Elle ne sut, hélas ! mourir au temps des roses,
ballerine légère, aux yeux pervers, aux seins
mignons, gentilles fleurs de chair pas trop écloses,
seins menus adorés comme de très grands saints.
Oh ! les longs cheveux noirs ! les coups d'œil assassins !
Oh ! les splendides bras ! les cuisses virtuoses !

Nul n'a donc souvenir des délires anciens ?
Pauvre artiste en plaisirs ! En un coin de village,
sans une fleur, son corps, d'instincts patriciens,
gît misérablement.

Mais l'âme est en voyage
vers la lune : regards, sourires, cœur volage,
callipyges chansons, baisers musiciens.

(Extrait du ballet lyrique : *Les Bohémiens*.)

POUR LA FOI

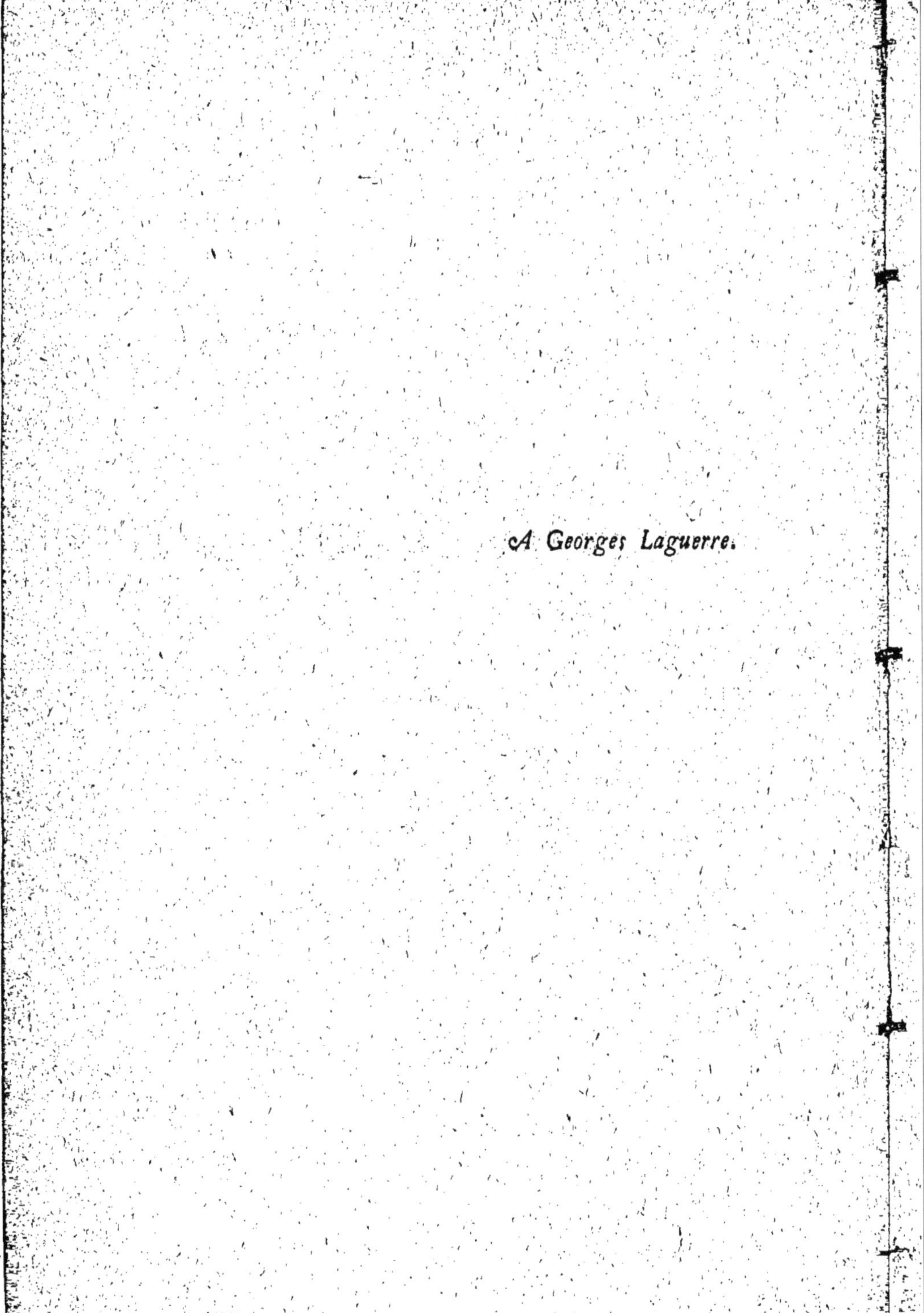

A Georges Laguerre.

PUISSANT DU SIÈCLE

Un des rois de l'argent, juif de Cologne, chef
de voleurs financiers, sa banque est un repaire :
l'Alliance catholique. Il est le fin compère
de princes décavés ; c'est un homme chic, bref.

Ame ignoble au-dessous, vertus en relief,
à dix ans ayant mis son entrée à l'enchère,
il fit un peu plus tard des chaussons de lisière ;
mais c'est bien oublié. Ridicule grief.

Groom jadis, il a nombreuse valetaille
qu'il traite, avec esprit, de « peuple » et de canaille ;
il est, rehaussé d'or, un vice de Paris.

Quand il est beau garçon, il aime son semblable,
drôle toujours, charmant lorsqu'il est un peu gris,
et, par ses millions, drôle très honorable.

AMOUR A JÉSUS

L'ombre, qui s'épaissit, couvre l'ancien couvent.
Tout semble reposer. Dans cette humble cellule,
quel bruit de doigt se mêle au bruit du crépuscule,
au chant de la chouette, à la plainte du vent?

« Jésus!... Jésus!... » Au ciel c'est un appel fervent.
Pâmoison solitaire, émoi d'un cœur qui brûle,
on le dirait. Plutôt quelque vierge crédule
égrène en un rosaire un rêve décevant.

Mais le Diable rôde.
En la chambre noirâtre
il contemple, à la lune, une madone en plâtre:
et c'est une Satane, une sainte en maillot.

Soudain, dans l'air en branle, une vague sonore,
au travers de la nuit, répète un nom, un mot,
ce cri magdaléen : « Jésus !... Encore !... encore !... »

CAPUCINS

A LA KERMESSE

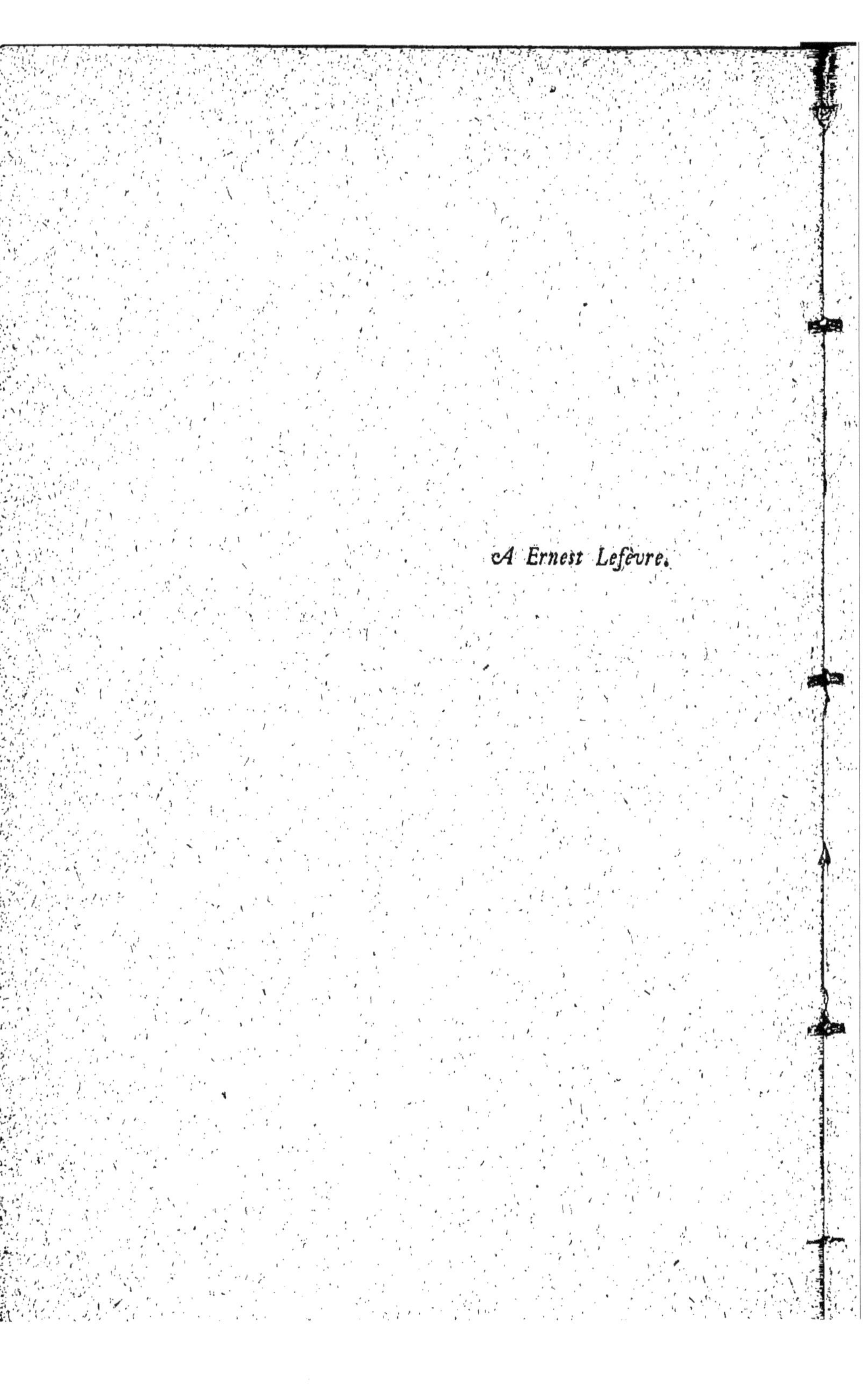

A Ernest Lefèvre.

*
* *

Flâneurs un peu, les capucins
s'en vont à travers la kermesse,
suivant les filles aux beaux seins.
Rêveurs un peu, les capucins,
du mieux, prennent des airs de saints.
Par le soleil, après la messe,
quêteurs un peu, les capucins
s'en vont à travers la kermesse.

Filles et gars, l'air réjoui,
chantent l'amour et l'allégresse,
l'amour en eux épanoui.
Filles et gars, l'air réjoui,
en s'embrassant, disent des oui.
Le soir, on tiendra sa promesse.
Filles et gars, l'air réjoui,
chantent l'amour et l'allégresse.

Le ciel d'été, limpide et bleu,
dispose et pousse à la caresse.
Les couples sont lascifs un peu.
Le ciel d'été, limpide et bleu,
dispose et pousse à la caresse,
même les vieux; il les redresse.
Le ciel d'été, limpide et bleu,
dispose et pousse à la caresse.

Flâneurs un peu, les capucins
s'en vont à travers la kermesse,
suivant les filles aux beaux seins.
Rêveurs un peu, les capucins,
du mieux, prennent des airs de saints.
Par le soleil, après la messe,
quêteurs un peu, les capucins
s'en vont à travers la kermesse.

LES COUCOUS

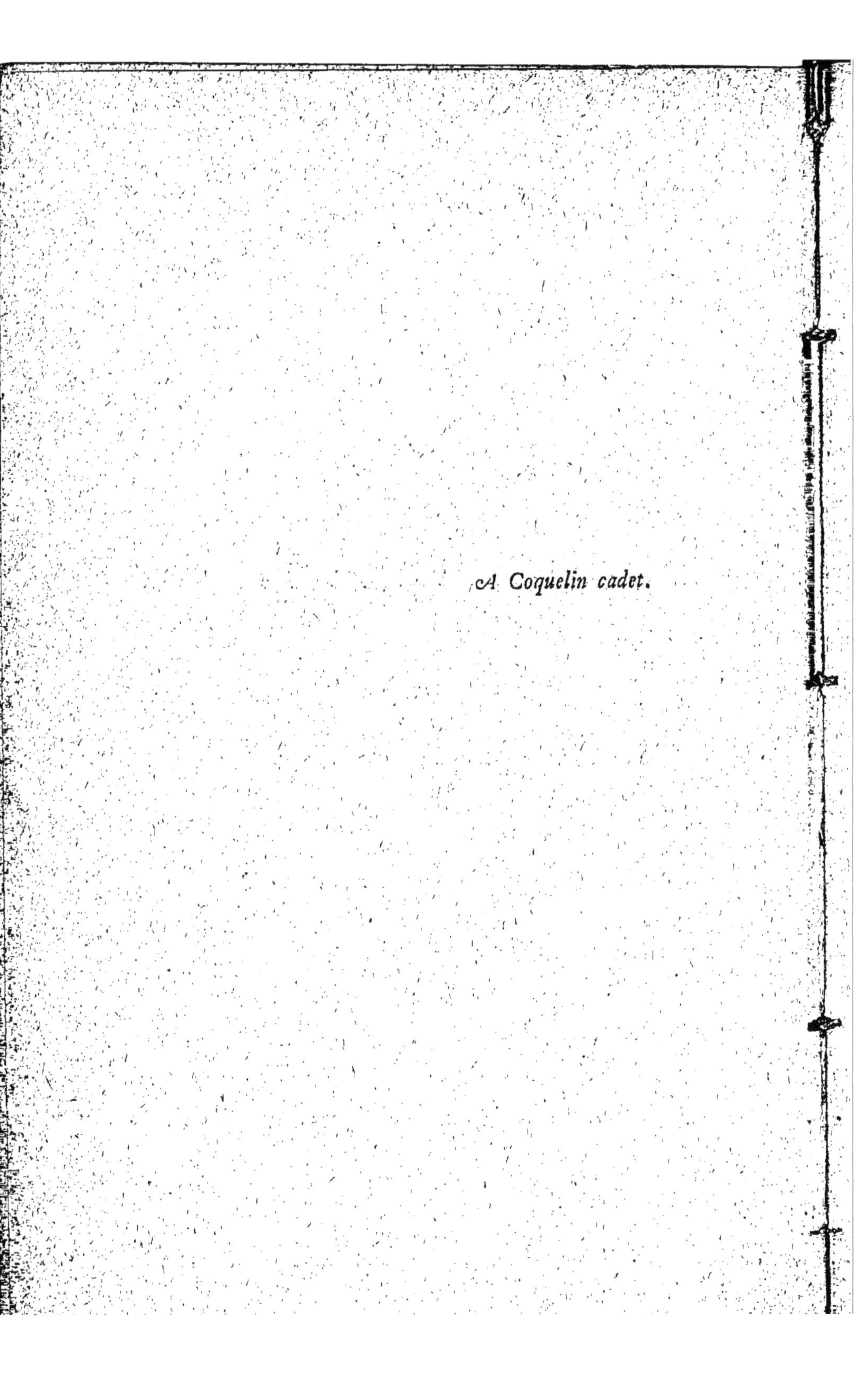

A Coquelin cadet.

SOUS LA TABLE

Coucou! Coucou! Coucou!
C'est une scène horrible,
chez le receveur :
« — Oui, tous se moquent de nous,
« pour ton jeune officier... Je ne suis pas jaloux,
« mais je ne veux en rien qu'on me trouve risible... »

Madame laisse aller, demeurant impassible.
« — Hier, au dîner du maire, il pressait tes genoux,
« sous table... je l'ai vu, retenant mon courroux!...
« et ta jambe à son pied n'était pas insensible. »

Madame alors se dresse et dit avec fierté :
« — Comment! lâche! poltron! tu n'as pas souffleté,
« toi qui l'apercevais... ce fat sur les deux joues! »

Le mari devient jaune et dit :
« — C'était très noir,
« sous table... je ne suis pas peureux : tu te joues
« de ma trop bonne foi... Tu sais, j'ai vu... sans voir... »

LA RECEVEUSE

Coucou ! Coucou ! Coucou !
L'oiseau, dans l'ombre, pleure.
Le long du bois, madame, au bras de son amant,
un superbe officier, cause amoureusement.
Monsieur touche, à son cercle, une quinte majeure.

Coucou !
Le capitaine, au doigt lascif, effleure
une petite main d'un bref chatouillement.
Madame, qui rougit, dit :
« Non, dans un moment ! »

Monsieur joue au piquet depuis tantôt une heure.

Coucou ! Coucou !
L'oiseau pousse son cri plaintif.
On entend des baisers, là-bas, derrière un if ;
le capitaine y voit la « receveuse » en rose.

Monsieur quitte le cercle. Il a gagné beaucoup.
Pourquoi donc se sent-il un peu triste, un peu « chose ? »
Les baisers se sont tus, là-bas.
Coucou ! Coucou !

CHANSON

DU

MOULIN A VENT

A Edmond de Goncourt.

(Extrait du ballet lyrique : *Les Bohémiens.*)

*
* *

Perché sur la haute colline
et coiffé d'un chapeau pointu,
le moulin fait de la vertu
des filles la blanche farine.

Tourne! tourne! le moulin gai,
avec la frêle blonde, ô gué!

*
* *

Solide et coquet, l'aile fine,
de brise ou de grand vent battu,
au rebours d'un cogne-fétu,
toujours on dirait qu'il badine.

Tourne! tourne! le moulin gai,
avec la grassouillette, ô gué!

*
* *

Plus d'une belle s'achemine
vers sa porte. Au mari têtu,
à tous disant turlututu,
d'un mousquetaire il a la mine.

Tourne! tourne! le moulin gai
avec la brune étrange, ô gué!

*
* *

Quel Méphisto les lui destine?
Mais s'il fredonne un impromptu
joyeux, même quand il s'est tu,
par son air leste il les fascine.

Tourne! tourne! le moulin gai,
avec les châtaines, ô gué!

*
* *

Il décoiffe Marthe, lutine
Paulette, et, jamais courbatu,
preste, met la vergue au tutu,
sous la jupe de Colombine.

Tourne! tourne! le moulin gai,
avec les danseuses, ô gué!

Pour les Blondes

Au

Camarade

René Maizeroy

Paris, 1880.

MATINEUSE

L'aube, à l'horizon rose, apparaît. Les coteaux
semblent comme frileux, l'herbe toute mouillée
ondule. Dans le fond, sous la verte feuillée,
luisent, par-ci, par-là, les toits bruns des hameaux.

Le jour vient. Dans les breuils on entend les perdreaux.
La charmante est dehors, quoique à peine éveillée,
pour voir l'aurore. Blonde et de blanc habillée,
elle regarde au loin, par-dessus les ormeaux.

Une lumière tendre illumine les nues
et teint, de ses tons frais, les avoines grenues
qui se courbent au vent sous les cieux purpurins.

Elle, à travers champs, marche, en gai chapeau de paille,
parmi les doux parfums des thyms et romarins.
Et, fermant ses yeux bleus à l'aurore, elle bâille.

DÉSIR DE NUIT

Me prendras-tu, sommeil?... Je ne puis... et ne veux
dormir... Blonde d'or roux, mon souvenir qui crie
la revoit, ce matin, et, troublante féerie!
dans ma nuit sans baisers rayonnent ses cheveux.

Conquêtant, mes regards lui firent des aveux.
Mes lèvres, butinez son ventre avec furie,
comme des papillons une moisson fleurie!...
Un délire m'affole et fatigue mes vœux.

Mienne, la rouge d'or, jamais le sera-t-elle?
Doutes, craintes, espoirs naissent en ribambelle;
et me voilà joyeux, ou bien me désolant!

Je t'ai vue une fois, nouveauté qui m'occupes...
L'amour naît de peu pour être si violent,
ô désir emporté dans le vent de ses jupes!

DOUX SOURIRE

« — Je ne vous aime pas, car je vous l'aurais dit;
« je serais à vos pieds minuscules, Madame,
« à deux genoux tombé; pour notre épithalame,
« pour mon ambition, vous m'auriez vu raidi.

« Et souvent, toutefois, à mon cœur qui bondit
« sous vos mots souricurs, je sens des froids de lame,
« tandis qu'en plaisantant je lance une épigramme,
« que,—pour tout refuser,—votre œil bleu m'enhardit.

« Certes, je ne sais pas s'il faut, lorsque l'on aime,
« mourir de son désir, être tremblant et blême...
« Mais vos cheveux sont longs et blonds comme les blés.

« Je ne vous aime pas... mais j'ai la voix moins sûre,
« Madame, quand je vois ces cheveux crespelés
« et vos yeux... »
« — ?!? »
« — J'ai trouvé l'adorable blessure! »

DANS LES BLÉS

Sur les coquelicots et les épis brûlés
jusques à l'horizon couvrant partout la plaine,
le soleil, par un soir de juillet sans haleine,
incendiant le ciel, tombait au ras des blés.

Comme la belle avait des cheveux ondulés,
tels qu'une gerbe d'or de la moisson prochaine,
comtesse aux petits pieds, coureurs de prétantaine,
la bouche incarnadine et les yeux endiablés;

comme lui saisissait la blonde par la taille,
un baiser brusque fit s'envoler une caille;
ils tombèrent tous deux.
Leurs baisers étaient fous.

Lèvres, coquelicots; — regards pleins de mystère,
bleuets; — fauves cheveux épars dans les blés roux,
il semblait à l'amant qu'il possédait la terre.

FLEUR D'AMOUR

Oh! sa fleur nue et blonde! Un parfum capiteux,
de sexe et de sureau, du calice s'exhale.
Cœur fécond, oh! délice à la saison vernale!
Les amours, dans ce nid, se livrent à leurs jeux.

Elle endort pour toujours, souvent, les amoureux
qui la respirent trop. Nimbé d'or, son ovale,
rassemblant des baisers la bande nuptiale,
frémit sous leur pollen, qui jaillit dans les creux.

Cette fleur est mignonne et paraît une rose,
une rose de chair et dans du blond éclose,
dans un clair de soleil, une mousse de jour.

Lèvres! aucun soleil ne vaut cette auréole,
lotus nu, Bouche nue, exquise fleur d'amour
parmi les frisons d'or qui voilent sa corolle!

PETIT POUCET

Un jour, Petit Poucet eut ses vingt ans joyeux
et fut aimé d'amour par une jeune belle
aux très longs cheveux d'or. Lui s'était épris d'elle
pour son rire argentin et l'azur de ses yeux.

Le galant se souvint. Autrefois, anxieux,
Poucet, pour retrouver la maison paternelle,
semait son pain bis. Mais, derrière, à tire-d'aile,
vers les miettes volaient tous les oiseaux des cieux.

Plus tard, ayant laissé l'amoureuse, à la brune,
il voyait ses cils, blonds comme rayons de lune,
et ses deux seins rosés, tout le long du chemin.

Pour l'entendre, il n'avait qu'à se mettre à l'écoute.
Des tendres rendez-vous, à chaque lendemain,
ainsi Petit Poucet longtemps trouva la route.

FOLIE BLONDE

« Maîtresse, tu naquis à la clarté lunaire;
« l'astre pervers donna de ses rayons afin
« d'en former tes cheveux et le reste, où ma faim
« de ta caresse fauve, est comme dans une aire.

« Mie aux cheveux si blonds que c'est de la lumière,
« ma rousse volupté, Reine au casque d'or fin,
« si tu fuis, de ma vie, oh! ce sera la fin!
« Mon désir, loin de toi, la nuit, sous la lune, erre

« ainsi qu'un insensé. Blonde, par qui je veux
« mourir de pâmoison, ma bouche en tes cheveux,
« sans doute la brune est une blonde ratée.

« Que mon amour leur semble à la lune pareil,
« pour vos charmes divins, mais noirs, je suis athée,
« corps bruns, avant l'hymen, baisés par le soleil! »

DERNIER CHAPITRE

Tous les deux eurent peur, lorsqu'ils s'aimèrent tant
qu'ils avaient du désir accompli tout le rêve.
La rousse d'or lui dit : « Mieux vaut que l'heure brève
« s'éternise pour nous et triomphe du temps...

« Plus personne après toi ; ma passion n'attend
« pas de baisers meilleurs... Je suis comme une grève
« dans la splendeur d'un soir d'été. Pourquoi, sans trêve,
« d'autres soleils?... Mon corps de ton corps est content. »

Depuis, des baisers nus gardant une épouvante,
elle est — pour peu de temps — une morte vivante,
la belle aux cheveux d'or qui firent son renom.

Pour la ravoir encore, en vain il l'émerveille.
Toujours, en souriant, elle murmure non
à son fou qui l'implore : « Oh ! viens que je t'éveille ! »

LA MESSE

DE LA LUNE

A Edmond de Goncourt.

(Extrait du ballet lyrique : *Les Bohémiens.*)

*
* *

INTROÏT

Une vierge :

Consacrée à tes sacrifices,
je suis nue et les bras en croix.
Si, de ton trône, tu me vois,
accours, Satan, père des Vices !
Eux et Toi, venez, mes époux,
en moi, qui veux vivre de Vous...

MISEREATUR

Chœur des filles :

Divinité, Lumière blonde.
Lune qui, dans l'azur où luit,
lubriquement, ta face ronde,
mimes aux filles, chaque nuit,
ce qu'il nous faut montrer pour vivre,
Mère des baisers, nous croyons
en Toi, salut!... Tes doux rayons,
Clarté qui trouble, excite, enivre
plus qu'un soleil de messidor,
tissent aux cieux la Maison d'or
où, du lit commun retirées,
les galériennes d'amour
se reposent, le Temple où, pour
jamais, très pures, admirées
par les âmettes des enfants,
dans l'infinie apothéose
d'astres et d'hymnes triomphants,
nous deviendrons, métamorphose!
les saintes Vierges...

GLORIA IN EXCELSIS

Chœur des poètes :

Oui, salut,
Splendeur, Toi que le diable élut
pour un sublime sacrilège,
pour être Hostie au firmament
et briller, parmi le cortège
sidéral, en un sacrement,
communion démoniaque
de noctambules, d'amoureux,
de poètes, de songe-creux,
du peuple innombrable qui vaque
jusqu'au matin à ses désirs
inassouvis, à ses plaisirs,
à ses recherches, à son rêve!
Lune inspiratrice, savants,
penseurs, artistes, poursuivants
des ambitions, tous, sans trêve,
se démènent sous Ton Regard...

ÉVANGILE

Le Prêtre dit (c'est Pierrot, vêtu de blanc, la face poudrerizée) :

Satan donne l'eucharistie
sur cette terre à la plupart
des hommes ; la Lune est l'hostie
qui monte de l'enfer, le soir,
brille pâmée en l'ostensoir
de la nuit.

LAUS TIBI, SATAN

Répons de tous les fidèles :

Couronnés de roses,
Nous haïssons les soleils roses
qui chassent songes et bonheurs...
Lune, de ta gloire sonneurs,
nous te proclamons la Maîtresse
du ciel et célébrons ta messe !

CREDO

Pierrot exécute une cabriole dévote et fantasque, selon les rites;
ensuite :

Daigne écouter l'acte de foi
qui va de l'abîme vers Toi.
C'est vraiment juste et raisonnable,
vraiment salutaire, équitable,
de te saluer en tout lieu,
Satan, dont le derrière est Dieu.

ORATE, FRATRES

Pierrot s'agenouille, tourné vers la foule, à droite de l'enfant nue renversée au bord de l'autel, une couche dont les draps sont tissés de rayons de lune.

Mes amis, prions que le Père,
le Prince du Mal soit présent
au Baiser, s'allie au mystère...

OFFERTOIRE

La jeune fille :

Pierrot, sois ma chair, sois mon sang !
Une ardeur secrète m'embrase.
Ah ! le démon est dans ma peau !
Viens ! En une féconde extase
je veux, avec toi, m'enfuir au
pays torride où l'amour vente...

Ensemble :

Ne soyons qu'une âme vivante,
et tous deux, en des hymens fous
confondus, jouissons de nous !

AVANT LA COMMUNION

Le couple s'adresse aux ouailles :

Le ciel est bleu, la terre est brune
En attendant que, sur ce lit,
l'acte d'amour soit accompli,
en face regardez la Lune.

PENDANT LA COMMUNION

Tandis que les ouailles, ne pouvant voir le Baiser, à moins d'être cyclopes à l'arrière, contemplent, de l'autre côté, l'astre serein, le prêtre et la vierge expirante se confondent en actions de grâces.

Pierrot :

Ma femme, je pénètre en toi.
Ton cœur en un plaisir s'éveille
aux voluptés ; je suis le roi
de tes seins, et de la merveille
de ton ventre ! Un seul découvrit
la corolle d'ivresse, éclose
à peine, où ta beauté fleurit !
Je suis le roi, ma blanche et rose,
de ton Sexe nu, ton amant...

Ensemble :

Quelle étreinte partout ! Les lèvres
sur les lèvres, lascivement
mêlés, nous échangeons nos fièvres !

La vierge, femme à présent :

Va! mon maître, mon cavalier!...

Pierrot :

Dans le ciel, la course est commune...
Je pique au milieu d'un hallier
de rayons d'or, je tiens ta Lune,
double et qui frissonne, en mes deux
mains en rut. Ta petite bouche
est mienne; ma joie en tes yeux
luit...

ENSEMBLE

Pierrot :

Mon amour profond te touche.
Oh! voici les spasmes crieurs!
Sève inépuisable, mon âme
jaillit longuement. Je me pâme
à mes baisers intérieurs!

La femme :

Ton amour profond me touche.
Oh ! voici les spasmes crieurs !
Ah ! toute à toi, mon corps, mon âme !
Encore et toujours ! Je me pâme
à tes baisers intérieurs !

APRÈS LA COMMUNION

Les assistants :

Le jour, lèvres jamais lassées,
disjoint les formes enlacées.
La Lune meurt. Blanchissant l'est,
l'aurore naît, tendre lumière,
du soleil remontant première
éclaircie...

Les officiants :

Ite, missa est.

LAURIERS COUPÉS

6

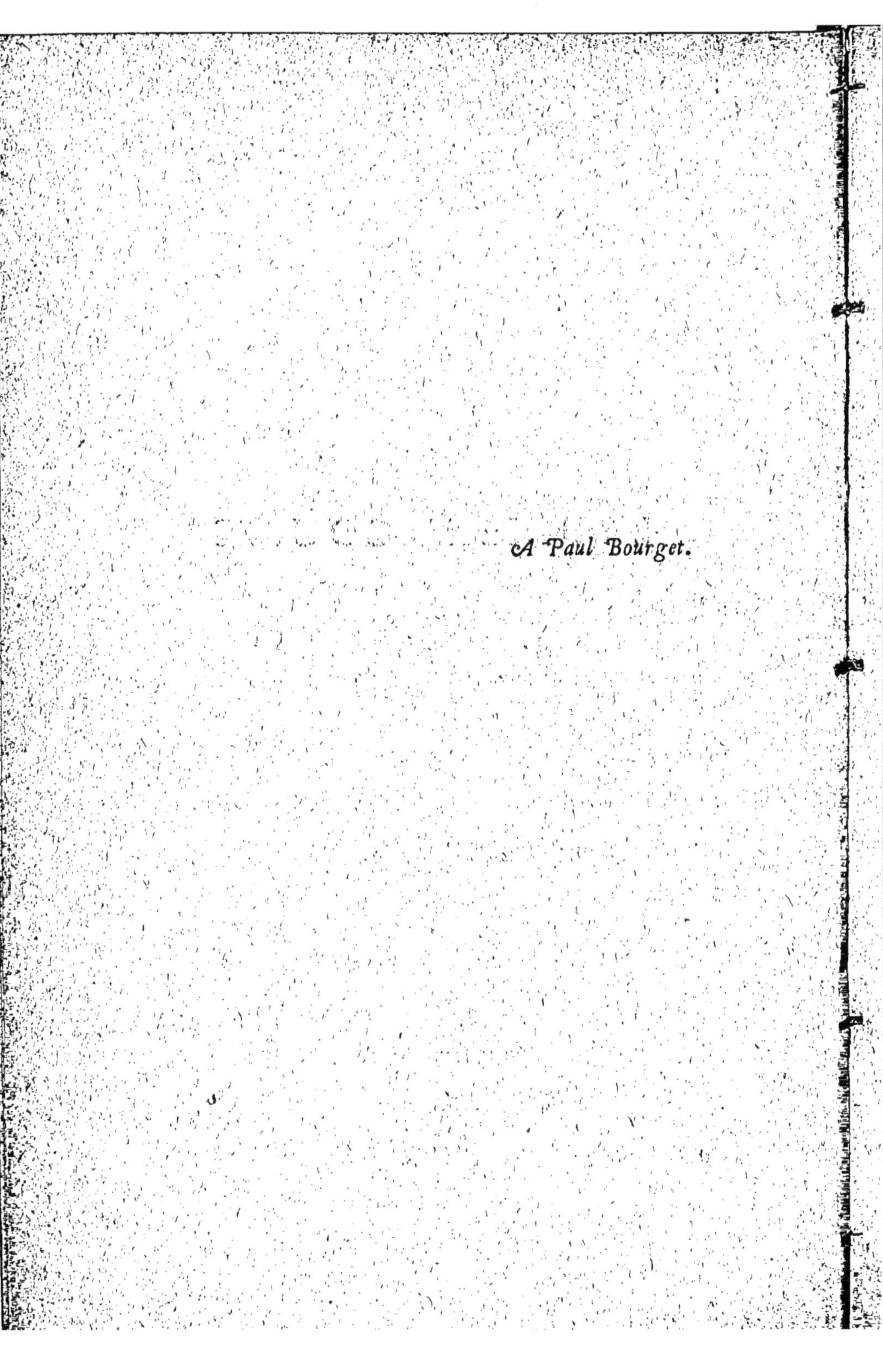

A Paul Bourget.

JEUNESSE

Je suis chasseur d'amour et plus heureux qu'un roi.
J'ai vingt ans, peu de barbe et beaucoup d'espérance.
Si, des jours sans soleil, je vis dans la souffrance,
c'est qu'il faut bien souffrir sur terre. Il faut. Pourquoi?

Puis, contre les chagrins, dans la femme j'ai foi.
J'aime une blonde, mais j'aime aussi, vers Florence,
une brune lascive à qui souvent je pense
et que j'évoque. En songe elles viennent à moi.

Elles m'aiment, peut-être, et sont la poésie
à qui chante et sourit ma jeune fantaisie.
Voici le rendez-vous :
« — Brune et blonde, bonjour! »

Longtemps, quand je les quitte, un baiser m'accompagne.
Suis-je pas riche? j'ai, pour payer leur amour,
de l'or et des bijoux, dans mes châteaux d'Espagne.

RENCONTRE DANS UN SENTIER

C'était hier, je crois, parmi les moissons jaunes,
que flâna le poète, allant on ne sait où,
vivant de rien, d'un fruit, un paresseux, un fou
qui possède, aux pays du songe bleu, des trônes.

Les blés éblouissants, tout dorés des aumônes
du grand soleil, flambaient. Cependant, vers son trou,
l'économe fourmi traînait un brin de chou.

Le poète rêvait de nymphes et de faunes.

Il vit cette bestiole et se tint un discours
sur ce qu'elle valait plus que lui, car toujours
il rima des flonflons. La petite travaille,

avec ses pattes;
lui, chante des do, ré, mi...
Le poète leva son vieux chapeau de paille :
« — Veuillez passer devant, madame la Fourmi... »

(Extrait du ballet lyrique : *Les Bohémiens.*)

LES IMPUISSANTS

Debout sur les écueils, les vierges ingénues
aux poètes en mer, dans l'orage, un moment,
apparaissent en groupe. Avec un air charmant,
elles miment, de loin, les gentes bienvenues.

Ils rament dur. La mer, sous les barques menues,
mugit et veut des morts insatiablement.
Ils sentent, dans les reins, l'âcre frissonnement
des amours. Elles sont belles, elles sont nues!

Les vierges, tout à coup, les cheveux dénoués
par le vent de tempête, aux songeurs secoués
jettent le cri pâmé des lascives étreintes.

Elles ont les yeux bleus, l'étoile sur le front.
Un des artistes crie :
« — Il faut les rendre enceintes! »

Avant, parmi ces fous, combien qui se noieront?

FAIRE PART

C'était un garçon doux, au grand front amaigri,
très pâle, un peu songeur. Il allait par le monde,
disait, chantait à tous une joyeuse ronde,
mais, peut-être, en son cœur, jamais n'avait souri.

Il est mort loin des siens, dans la lutte meurtri,
à Montmartre. Il voulait à lui la fille blonde,
les siècles qui viendront. L'erreur était profonde,
la gloire étant un mot, la fille un lys flétri.

Il laisse quelques vers. Il adorait les roses,
des brises, des hivers se demandait les causes.
Quand la vie était âpre, il pardonnait au sort.

Il n'avait que vingt ans. C'est demain qu'on l'enterre.
S'il n'eût été poète, il ne serait pas mort
et pourrait, en province, être universitaire.

LA PETITE
LÉGENDE DES SIÈCLES

A

Gip,

comtesse de Martel

PANTHÉISME

Le vieux faune de marbre est le roi du jardin.
Sous la nuit tiède, il rêve et fixe, dans l'espace,
on ne sait quoi, peut-être une nymphe qui passe,
les seins nus, et, gaîment, traîne un amour blondin.

Il doit bien vivre un peu, le monstre aux pieds de daim.
Une déesse blanche, en un nimbe de grâce,
regarde quelque étoile et paraît comme lasse
sur son socle.
Le faune a tressailli soudain.

Flottantes dans l'azur, palpitent des caresses.
Pan est dieu. Des grands lys s'échappent mille ivresses;
dans les feuilles avril dit aux fleurs de s'aimer.

Le faune a fait, tantôt, à la déesse un signe.
La vie imperceptible est venue animer
le marbre, dans la nuit, sous la feuille de vigne.

PHILOSOPHE ET COURTISANE

Socrate, le matin de telle olympiade,
était chez Aspasie, à son petit lever.
Or, elle lui disait :
« — Maître, je veux rêver,
« un brin, en attendant le bel Alcibiade. »

Elle épanchait sur lui, la brune aux yeux de jade,
un de ces chauds regards qui savaient lui river
les cœurs. Socrate alors, debout à son chevet,
parla sur Thalès, et, par Zeus ! le trouva fade.

Ensuite, éclairant tout comme d'un vif flambeau,
Socrate disserta sur le bien, sur le beau,
sur l'homme et ses désirs sans fin que rien n'étanche.

L'impure, en même temps, s'attifait sans détours,
montrant sa jambe nue et sa gorge si blanche.

Et Socrate embrouillait le fil de ses discours.

BÊTISE OU SAGESSE

Paulus Métalladon, honnête et bon jeune homme,
à son époque, était fort riche et fort savant,
mais drôle. Ses amis le rencontraient, souvent,
les yeux levés au ciel, ainsi qu'un astronome.

On le vit, une fois, dans un temple de Rome,
crier aux dieux de rompre un silence énervant
et de lui répondre. Or, ainsi qu'auparavant,
sur leurs socles, les dieux, toujours, dormaient leur somme.

Alors, plein de dégoût et ne croyant à rien,
il voulut s'étourdir. Prodigue de son bien,
il chanta, festoya, le front ceint de verveines.

Enfin, las de la vie et fatigué du bruit,
il se mit à son bain, puis, se coupant les veines,
retourna, sans douleur, dans l'éternelle nuit.

UNE LARME DE CHARLEMAGNE

Charlemagne et ses pairs, au soir de la journée,
sont à table. Aymeri, d'Agde comte et seigneur,
pour son hôte a choisi son vieux vin le meilleur.
Des fenêtres on voit la Méditerranée.

Sur les flots noirs reluit une blanche traînée.
Seraient-ce les Northmanns? Par trois fois, le veilleur
pousse le cri d'alerte. Arnold, le batailleur,
d'une dague, en ses doigts, a tordu la poignée.

Charles, vieil empereur, oyait les bruits du vent.
Enfin, pensif, il dit :
« — Les voilà, moi vivant!...
« Dieu prendra-t-il pitié de la France qui sombre? »

Sentant trembler son cœur, que l'effroi déchirait,
il se tut, quand soudain, tous pâlirent dans l'ombre.
La tête dans ses mains, Charlemagne pleurait.

SIGNATURE

L'artiste, en même temps un homme de vertu,
lorsqu'il eut achevé sa haute cathédrale,
qu'il eut fait resplendir la rosace centrale,
qu'il eut scié le marbre aussi fin qu'un fétu,

lorsqu'il eut fait surgir le clocheton pointu,
et tourner l'escalier en étroite spirale,
lorsque tout fut empli de grandeur sépulcrale,
que chaque mur du chœur fut en or revêtu,

prit son ciseau froid, puis, avant le glas suprême,
dans un bloc de granit, il se tailla lui-même,
pour qu'au balcon du faîte on le pût accouder,

et, comme il approchait de son heure dernière,
il plaça la statue, afin de regarder,
pendant l'éternité, son chef-d'œuvre de pierre.

(Extrait du roman : *Le Cœur*.)

VITRAIL ANCIEN

Une blonde au front pur, dans la svelte chapelle
dominant le château, depuis bientôt mille ans
est peinte en un vitrail. Sous les fins voiles blancs,
transparaît, aux contours, sa beauté corporelle.

Nul, parmi les mortels, ne put être aimé d'elle,
dont le cœur ignora tous profanes élans,
On l'a mise en lieu saint, car l'amour en ses flancs
Ne pénétra jamais. Elle lui fut rebelle.

L'artiste a joint les mains, demi baissé les yeux.
Chaque matin nouveau, les rayons d'or des cieux
caressent cette enfant que l'aube claire inonde.

Ils viennent effleurer, à l'heure de l'éveil,
sa bouche qui sourit. Elle est la vierge blonde
et connaît, seulement, ce baiser de soleil.

(Extrait du roman : *Dinah Samuel.*)

(Édition définitive.)

POLITIQUE

Ils ont croisé le fer.
Ce sont des jeunes gens.
Le roi Charles Ier de ce duel est cause.
L'un d'eux l'a soutenu dans une belle glose,
et l'autre a riposté par des mots outrageants.

Ils paraissent joyeux, prompts, vifs, intelligents.
Lequel a le bon droit? Pour décider la chose,
un homme va mourir. Et si leur sang est rose
ou rouge, on le verra sans tambours ni sergents.

C'étaient de vieux amis. Mais, sectaire inflexible,
l'un prêche pour Cromwell et récite la Bible.
Le second est un lord doublé d'un débauché.

Ils ont croisé le fer.
Lié. Coup de seconde.
Contre. Feinte. Coup droit. Quarte basse. Touché! —

L'un d'eux est Cavalier; l'autre était Tête-ronde.

SAKATA

Devant le mikado, Sakata, la négresse,
pour qu'il ne bâille plus, étend sa nudité
sur une étoffe d'or. Au maître dégoûté
faut-il encore un meurtre, ou bien une caresse?

Sakata, dans son sang, a du sang de tigresse
et se courbe et recourbe avec lascivité.
Le mikado, ses yeux pleins de stupidité
fixés sur les deux seins, rit à l'enchanteresse.

Le mikado poussif lèche les deux seins nus,
s'étend et fait vibrer les baisers inconnus,
les transports de la chair, les frissons de la bouche.

Mais l'ennui, de retour, saisit le mikado.
Il frappe, d'un stylet, Sakata, sur sa couche,
et, près d'elle, s'endort, en lui tournant le dos.

BAISERS D'ISRAËL

Pour les Brunes

A

Noémi

(Extrait du roman : *Le Cœur.*)

Paris, 1881.

JUIVE DE PARIS

Langoureuse et féline, à zigzaguante allure,
Noémi, le profil finement dessiné,
possède un charme exquis, charme indéterminé,
une bouche mignonne, — une miniature !

Les yeux profonds et bleus, sa noire chevelure
roulant à flots épais sur le cou satiné,
elle fixe, parfois, un regard obstiné.
C'est ainsi qu'elle a fait ma conquête très sûre.

Ses yeux auraient-ils pris l'azur du firmament
pour paraître profonds à s'y perdre ? Vraiment,
des nuits et des amours la nonchalante est reine.

Oh ! pas reine, du tout ! Mais son rire est si clair,
rire que pour un seul la mignonnette égrène.
Elle a des pieds menus, et, dans les yeux, l'éclair.

LETTRE D'ENFANT

Je ne t'ai pas écrit depuis deux mois. Comment
expliquer ça? Tu crois qu'une femme m'affole
et pleures en songeant que, pour la faribole,
je t'abandonne... Non! je t'aime tendrement...

Mon cœur a ressenti comme un long brisement...
Lorsque tu me faisais jouer à pigeon-vole,
Maman, j'étais heureux... Un chaud rayon m'insole;
c'est ce coup de soleil qui cause mon tourment.

Je ne t'oubliais pas. Va! sois tranquille, mère!
Je t'aime bien aussi, si j'aime ma chimère.
L'hirondelle, tu sais, retourne à l'ancien nid.

Aucun amour malsain à toi ne me dérobe.
Je t'aime, comme au temps où j'étais très petit,
et je te tiens toujours par un pan de ta robe.

L'ARGENT

Il prend son pauvre cœur, la journée au sommeil
s'inclinant, et s'en va pour l'offrir à sa belle.
La charmante écoutait, à l'abri de l'ombrelle,
en fixant l'horizon où coulait le soleil.

Des blessures du cœur, à flots, le sang vermeil
s'épandait. La mignonne, à présent infidèle,
repoussait son ami; mais il était fou d'elle
et des baisers d'hier implorait le réveil.

Le cœur perdait son sang, l'astre en feu sa lumière,
et, l'heure pour tous deux semblant l'heure dernière,
un train sifflait, au loin, par-dessus les grands bois.

Elle lève sur lui ses yeux, où l'amour manque,
et dit avec raison, de sa très douce voix :
« — Enveloppe ton cœur dans un billet de banque! »

REGRETS PASSAGERS

Est-elle au cimetière?
Sur son bonheur enfui
l'amant pleure aujourd'hui.
Elle est banqueroutière.

Couchée en une bière,
où de l'or a relui,
sa maîtresse, pour lui,
est morte tout entière.

Elle l'a bien roulé! —
Il n'est pas consolé,
tandis qu'elle est ravie,

car il veut s'endormir
chaque soir de la vie
avec son souvenir...

BEATI QUI LUGENT

Heureux celui qui souffre, heureux celui qui pleure.
Triple ânon qui l'a dit! Je vais au désespoir,
à l'âpre vérité; je marche sans savoir
où l'existence mène, après la dernière heure.

Jésus nous a trompés. L'espérance est un leurre,
rien ne restant de nous. Dans un cercueil très noir,
nous dormirons. La tombe est le grand réservoir
où tout vient aboutir, mais où rien ne demeure.

Sur terre, la douleur; sous terre, le néant.
Tel est l'affreux dilemme. Et l'abîme béant,
sous nos pieds fatigués, s'ouvre dans l'invisible.

O Christ, fils de Joseph, pourquoi faire espérer?
Qui nous consolera? Dis-nous si c'est possible,
car vivre c'est vouloir, sans pouvoir, et pleurer.

LES SOUVENIRS

Les corbeaux sont venus.
Allumant un cigare,
il se rappelle. Ici, la brune, aux yeux troubleurs,
lui dit qu'elle l'aimait. A présent, les douleurs!
Un train passe. Fumée; en l'air, elle s'égare.

C'est novembre. L'hiver, entré sans crier gare,
a tué les chansons et sombri les couleurs.
Tout est triste avec lui qui pense aux jours où leurs
baisers fêtaient les bois d'avril, — loin de la gare.

Parmi les souvenirs tant cruels et si beaux,
un vol éparpillé de funèbres corbeaux
croasse.
Où vos baisers, bouche petite et rose?...

Avec les soleils morts?...
Sous les grands arbres nus,
par bandes, maintenant, autour de quelque chose, —
un cœur qu'on a jeté, — les corbeaux sont venus.

INTIMITÉS

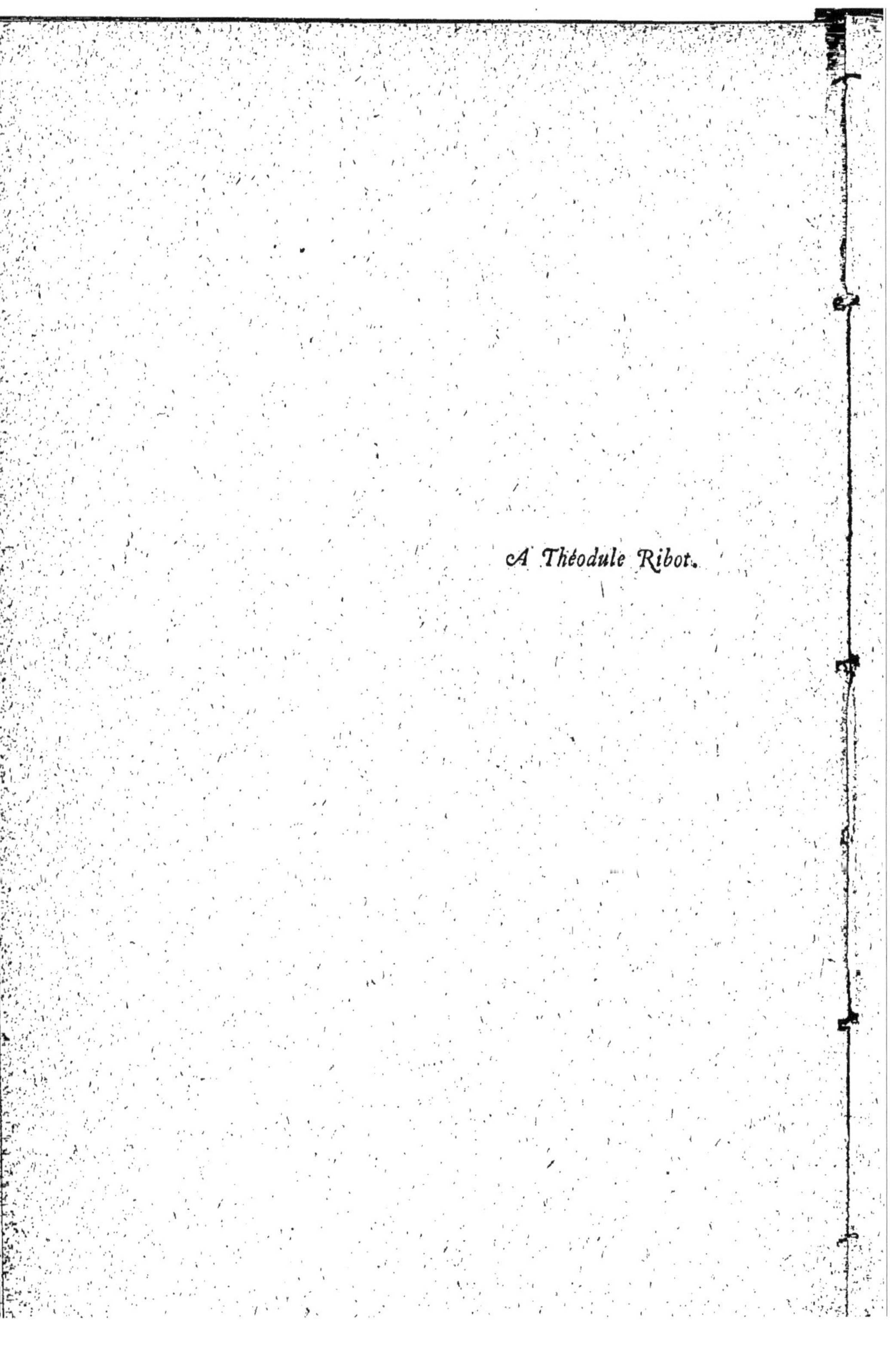

A Théodule Ribot.

PAUVRES PARENTS

Ils sont au coin du feu. Le fils s'en est allé,
plein d'espoir, à Paris, dans la vie et la lutte,
pour trouver le succès, ou, peut-être, la chute.
Sur le chemin, trop long, plus d'un tombe accablé.

Dans l'ombre, que produit l'abat-jour dentelé,
le père songe et dit : « Le sort nous persécute.
« Notre fils est bien seul !... Fera-t-il la culbute?
« Ou réussira-t-il?... L'avenir est voilé. »

Le vieillard, pourtant, fut marin. Dans la tempête,
l'Océan, qui beuglait, lui paraissait en fête.
Paris vaut, pour son fils, un océan hurleur.

La mère, aux cheveux gris, des rides à la tempe,
dans le travail muet apaisant sa douleur,
étouffe ses sanglots et coud près de la lampe.

EN ALSACE

L'auberge du village est humble, mais, pourtant,
à chacun elle plaît. Par la fenêtre ouverte,
l'œil aperçoit, là-bas, dans la campagne verte,
le Rhin majestueux qui coule et qui s'étend.

Il est midi. Franz Schtaldt, beau garçon bien portant
et fort comme un taureau, dans l'auberge déserte
est tout seul. Margrédel, la domestique alerte,
lui sert sa chope et dit : « Tiens, Franz, es-tu content ? »

Puis, tout près s'asseyant, la chaste jeune fille
jase et rit. Douce comme une odeur de vanille,
en tout son être elle a le charme d'un beau jour.

Lui, grave et satisfait, tandis que le Rhin gronde,
en filant vers la mer, regarde, avec amour,
dans son verre en cristal, mousser la bière blonde.

LA SPHINGE

A

S. B.

Paris, 1878.

INVOCATION

Au temps de Périclès, dans la Grèce bénie,
plus d'un aède, éphèbe aux chants harmonieux,
t'aurait prise, en ses vers, pour l'égale des dieux,
ô belle comme Hélène et comme Iphigénie.

Tout le peuple divin des fils de l'harmonie,
élevant sur le stade, où luttaient les aïeux,
à l'artiste, à la femme, un temple merveilleux,
eût adoré, dans toi, l'amour et le génie.

Je ne suis qu'un poète et ferai beaucoup moins.
Quel rhythme délicat choisir pour toi qui joins
à la beauté qui fuit la splendeur immortelle ?

Cherchant des mots plus doux qu'une brise qui naît,
pour toi, la charmeresse, ô nue en la dentelle,
pour toi, blonde aux longs cils, j'ai sculpté ce sonnet.

DANS LES AIRS

L'aérostat est une bulle,
et, lent, monte vers le soleil.
La brise d'avril, en éveil,
tout autour, dans la nue, ondule.

Il va, le ballon minuscule,
plane dans le matin vermeil,
rose, bleu, violet, pareil
à l'aile d'une libellule.

Le filet est tressé de fils
de la Vierge, ténus, subtils.
Une étoile encore étincelle.

Il va, soutenant, avec art,
un myosotis pour nacelle,
et puis, dedans, Sarah Bernhardt.

LES NUAGES

Les nuages parfois ont des formes charmantes,
faites avec du blanc, faites avec du bleu.
Le poète les suit, et, s'amusant au jeu,
dans ces desseins d'azur reconnaît des amantes.

Les femmes sont là-haut, les reines, les infantes;
là-haut, la Blonde passe et murmure un aveu;
là-haut, sont les péris à l'écharpe de feu,
les vierges, au cœur chaste, et les dames galantes.

Toutes, dans l'atmosphère, à chaque instant du jour,
avec de longs cheveux, s'esquissent tour à tour,
peintes en tons mouillés et sveltes sous leurs voiles.

Elles vaguent au vent, qui mesure leur vol,
épouses du nuage, attendent les étoiles,
et sur terre font ombre, ainsi qu'un parasol.

REINE DES PRÈS

Elle l'avait, un jour, offerte par caprice,
pour piper un amour, ainsi qu'un oiseleur
attire et prend, aux bois, un bouvreuil querelleur.
La femme a des airs faux, en chatte séductrice.

Elle avait oublié, blonde triomphatrice,
la fleur des prés donnée, et lui, fou de bonheur,
croyant que cette femme était changée en fleur,
pour ses lèvres d'avril baisait le blanc calice.

Le poète plaça la fleur dans un Musset.
Pour oublier aussi? Se souvenir? Qui sait?
Aima-t-il bien? Peut-être. Un an? Peut-être encore.

Avant-hier, il rouvrit le livre parfumé,
et, par un autre jour de printemps et d'aurore,
en songeant, il brûla ce qu'il avait aimé.

LE CERCUEIL

In memoriam.

Paris, 1878.

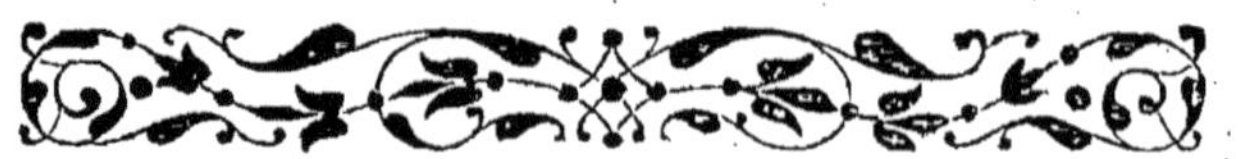

L'AMOUR

Ils ont tendu la chambre,
en riant, de drap noir,
ayant choisi ce soir,
le dernier de décembre.

Elle, blonde comme ambre,
ouvre, avec nonchaloir
et pudeur, son peignoir
sur son corps qui se cambre.

La bise, sur le toit,
pleure; la neige choit
et tend des nappes blanches.

Tirant plaisir du deuil,
ils font, entre les planches,
la vie en un cercueil.

LA MORT

Quand celle qu'il aimait, après avoir, six mois,
sans se plaindre, souffert, avec douceur fut morte,
comme mourait l'avril, il ferma bien la porte,
et revint près du lit, sans raison et sans voix.

Sentant peser sur lui les implacables lois,
il ne pleura pas. Mais, rêveur d'étrange sorte,
près du cadavre blanc, paré pour qu'on l'emporte,
il écrivit des vers, les yeux fixes parfois.

Dans ces vers il plaça son âme, l'être même,
pour la femme adorée il fit un long poème,
douloureux et poignant, un monde, un univers.

C'était un pur chef-d'œuvre, élégie immortelle.
Dans le cercueil béant, lui, muet, mit ses vers
pour qu'ils ne fussent lus de personne, — que d'elle.

BÉBÉ

A Léon Cléry.

PETITE MARIÉE

Oh! la première nuit! Oh! le charmant outrage!
Dans la chambre à coucher de leurs baisers joyeux,
la jeune femme est seule, et, des pleurs dans les yeux,
songe que c'est la fin d'un an de mariage.

Une heure du matin.
« Est-il déjà volage?
« Il laisse sa maison pour le cercle, les lieux
« de plaisir... S'il aimait une autre femme mieux
« qu'elle?... Ah! non! ce n'est pas... »
Mais la seulette enrage.

Elle est belle. Quelqu'un l'adore follement,
sans l'avoir jamais dit. Elle en rêve un moment.
Par quelle pente au mal s'en va la bouderie?

De regards voulant fuir le subtil souvenir,
devant leur lit d'hymen, en chemise, elle prie
que le baiser futur soit l'enfant à venir.

SUR UN BERCEAU

Dodo, l'enfant, dodo!
Tu connaîtras, plus tard,
d'autres douleurs. Dis-moi, veux-tu, dans cette vie,
être heureux? Veux-tu, dis, que ton âme ravie
s'affaisse et s'efféмine en un luxe bâtard?

Dodo, l'enfant, dodo!
Je sais, petit, cet art
d'avoir, sans cesse, table opulemment servie,
d'avoir de beaux sous d'or, ces beaux sous qu'on envie.
Veux-tu devenir riche? Eh bien, sois un roublard...

Dodo, l'enfant, dodo!
Travaille sans relâche,
et, surtout, courbe-toi. Telle est la sombre tâche,
petit, si tu veux vivre et jouir ici-bas.

Sois méchant et sois vil. C'est de l'argent qui tombe!
Tu trouveras toujours, pour reposer tes pas,
après l'effort dernier, — rien de plus, — une tombe.

DANS L'OMBRE

A

DIEU

?

1877-1879.

HALTE

En campagne, le soir. L'homme était un grand vieux.
Il avait pour seul bien une ânesse docile,
et, dans tout le pays, passait pour imbécile :
très âgés l'un et l'autre, ils s'aidaient de leur mieux.

C'étaient de braves gens. Ils allaient en tous lieux,
mangeant n'importe quoi, n'ayant nul domicile.
Lorsqu'on est ainsi pauvre, on n'est pas difficile,
et leur grande bonté se lisait dans leurs yeux.

La lune se levait.
Au bord de la grand'route,
ils étaient arrêtés. Le ciel servait de voûte
à leur hôtellerie et d'astres s'emplissait.

La lune, dans l'azur, semblait la douce hôtesse.

Qui donc règne là-haut?
Sur ce que nul ne sait,
le vieux était songeur, ainsi que son ânesse.

QUESTION

Dans l'ombre, il surgissait, parmi d'immenses nuès,
et parlait :
« — Je suis l'être, et je suis l'infini.
« Aucun ne m'a nié, sans en être puni.
« Je vois tout et je sais des choses inconnuès.

« Lès nébuleuses sont comme des avenues
« qu'un caprice créa. Mon souffle a réuni
« les atomes du monde, et ma main a béni
« les étoiles au ciel par un regard tenues.

« L'univers, en tremblant, me proclame son roi.
« Je suis le grand principe et tout descend de moi
« qui donne à tout la vie et qui suis la puissance. »

Lors un boulevardier, de chic anglais vêtu,
se présenta dans l'ombre, et, sans autre éloquence,
jeta ces mots au sphinx :
« — Oui ! Mais toi, d'où viens-tu ?... »

DÉFI

— Où donc es-tu, le Dieu ? Partout je t'ai cherché ;
j'ai regardé le ciel, j'ai fouillé dans l'espace
et ne t'ai pas trouvé. Ma cervelle est bien lasse.
Nous allons, vieux d'en haut, faire un fatal marché.

Si la voix ne trahit mon larynx desséché,
la salive... voici, je te crache à la face !
Toi, frappe-moi de mort. Je ne veux pas de grâce.
Qu'éclate ton pouvoir !... Frappe, si j'ai péché !...

Veux-tu boire avec nous ? sans peur je t'interroge,
mon cher... Répondras-tu ? Si quelque endroit te loge,
appelle donc à toi le tonnerre et le vent !

N'obéiraient-ils pas ? Si tu n'es pas un gnome,
je tombe foudroyé...
Puisque je suis vivant,
puisque tu n'as rien pu, je te nie et me nomme.

PATRICE MONTCLAR.

(Extrait du roman : *Dinah Samuel.*)

GLOIRE DE L'HOMME

Le farouche Géant roule à travers l'espace.
Il voulait, dans sa force, escalader les cieux,
savoir de l'infini de quel droit sont les dieux.
Il est tombé vaincu, mais sans demander grâce.

Au milieu des soleils, des planètes, il passe
difforme, épouvantable, et du sang dans les yeux.
Plein d'un profond mépris pour son bourreau joyeux,
il choit, en tournoyant, vers la terre très basse.

Il souffre, le damné, mais il tait sa douleur.
De son regard horrible, où ne luit pas un pleur,
froidement, à mesure, il contemple les astres.

Soudain le vent se lève. Il devient anormal
et parle au Criminel qui permet les désastres :
« — Dis, espèce de Dieu, pourquoi fais-tu le mal ? »

LES DIEUX

Un effrayant coursier au char du vrai s'attelle :
le doute. Je voudrais prier, mais je n'ai pu.
Reprendrai-je jamais mon rêve interrompu ?
La foi s'en est allée. Oh ! regrets ! où va-t-elle ?

La madone se meurt sur son fils qui pantelle.
Je ne crois qu'au vieux Pan, dieu robuste et trapu,
au ventre sans limite, au visage lippu.
Je crois à la Matière, à la Force immortelle.

Brahma, Zeus, Jéhovah, tous ont vécu leur temps.
L'humanité surgit, qui, dans ses flots montants,
emporte tous les dieux et couvre leur empire.

Les vrais dieux sont Balzac, César, Jésus, Calvin,
Molière, Rabelais, Hugo, Musset, Shakespeare.

Il faudrait prouver Dieu ; mais on l'essaie en vain.

ÉMASCULÉ

Ils buvaient, ivres-morts, au fond d'une taverne,
lorsqu'un des deux, plantant ses longs coudes rapés
sur la table, cria :
« — Comme des éclopés,
« nous marchons, ici-bas, sans guide ni lanterne. »

Il cracha, puis reprit :
« — Quel type nous gouverne ?
« A ceux-ci beaucoup d'or, les femmes, les coupés,
« à nous, les pauvres gens, les chapeaux retapés,
« à nous les jours sans pain !... Tout n'est que baliverne.»

L'autre alors :
« — Gueule, ami, mon vieux beefteack à vers !
« Dieu fait, — pendant ce temps, — de nouveaux univers.»

Le premier, sur ces mots, vomit quatorze absinthes.

Et quand il put parler :
« — Je veux, en quelque lieu
« qu'il soit, aller, au ciel, parmi toutes ses saintes,
« broyer, dans mes deux mains, le plaisir de ce Dieu. »

LA FIN DE DON JUAN

« — Que devient Don Juan ?... Je ne reconnais plus
« le beau caballero qu'on aimait dans Séville.
« Tu tuais les maris de manière civile.
« Qui te retrouverait dans ce moine perclus ?

« Tu traînes un froc sale, et, pourtant, tu valus
« les meilleurs. C'est bien toi, qui, dans certaine ville,
« don Juan, éventras une fille innubile
« et puis l'osas souiller... Tout est flux et reflux.

« Maintenant te voilà dévot, sexagénaire,
« et désireux du ciel. Qu'y pourrais-tu donc faire,
« don Juan ? Insulter Jésus toujours en croix ?... »

L'ermite rejeta sa cagoule de serge,
et Juan, qui riait son rire d'autrefois,
dit :
« — Pour finir, je veux y connaître la Vierge. »

FRAGMENT

... Quel homme trouvera le verbe explicateur,
quel homme ayant, parfois, durant la sombre veille
où s'allongent les nuits, nié le créateur
et pleuré?
Fier Lucrèce, esprit qui s'émerveille,
regarde l'avenir et veut toujours savoir,
dis, je Te le demande, et le demande encore
à vous, maîtres profonds, soumis au grand devoir
de découvrir le juste en marchant vers l'aurore,
qu'est-ce donc que Dieu? Mythe ou bien réalité?
Est-ce une idée, un gnome, une ombre qui s'efface,
ou bien affirme-t-il sa terrible entité?

Rabelais, dans un rire, épanouit sa face;
Montaigne raille un peu; dans une âpre douleur
Blaise Pascal se tord; le bon Spinosa rêve,
et Denis Diderot prend un air persifleur.

La sagesse nous dit de jouir. L'heure est brève...

(Extrait du roman : *Dinah Samuel.*)

LA COMPLAINTE

D'ANNA BORINE

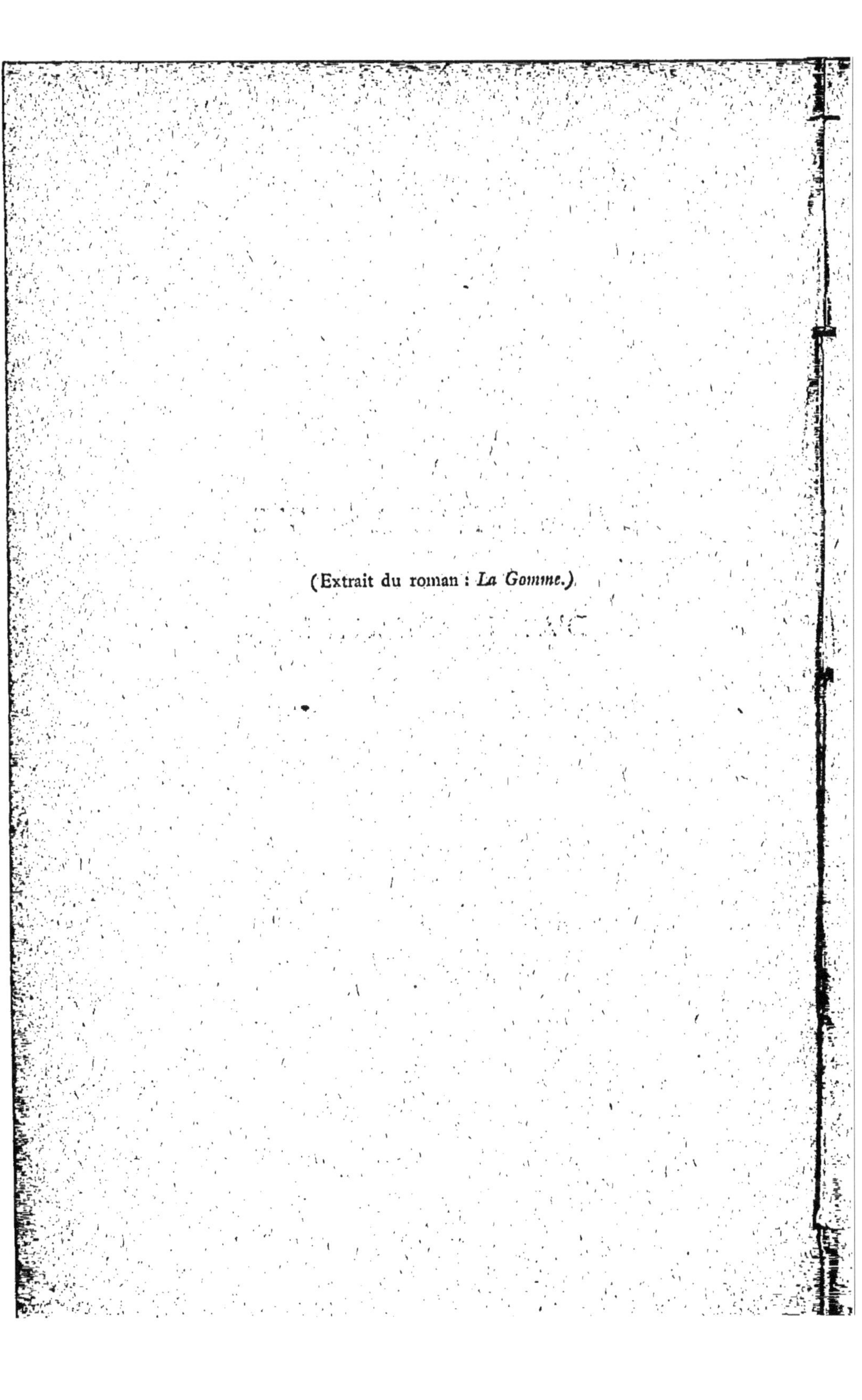

(Extrait du roman : *La Gomme.*)

*
* *

Un soir d'hiver et de soleil,
quand j'étais petite, ma mère
me dit une chanson amère
qui, la nuit, troubla mon sommeil :

(Le jardin s'éclaire de rayons de lune.)

*
* *

« Idéal, toi qui nous exhortes,
celles qui croyaient au bonheur,
à l'amour, dans le déshonneur
sont mortes.

*
* *

Les fous, les redresseurs de torts,
ceux qui pourchassaient dans le monde
le traître noir, le lâche immonde,
sont morts.

*
* *

Qui dispersera ces escortes
de plaisirs, de dérisions?
Les charmantes illusions
sont mortes.

*
* *

Plus d'amoureux, puisque les forts,
les soldats qu'un devoir enlève,
les poètes, princes du rêve,
sont morts.

*
* *

La nuit tranquille ouvre ses portes.
Les jeunes héros glorieux
sont morts; les vierges aux doux yeux
sont mortes. »

(Un nuage. La clarté disparait.)

*
* *

Il fallait, sous le ciel vermeil,
étrangler ma vie éphémère
quand j'étais petite, ma mère,
ce soir d'hiver et de soleil.

VOULOIR, POUVOIR

Au Souvenir

de

Joseph de Nittis

VENTRE VIDE

Vêtu d'un long ulster, il erre par les rues.
Où pourrait-il dîner? Il cherche en son gousset.
Mais rien. Faute de mieux, il rumine un tercet
sur l'aimée aux beautés trop souvent parcourues.

L'ombre naît au ciel, et, dans les clartés décrues,
la lune resplendit.
Dînera-t-il? Qui sait?

Il lorgne l'horizon, comme Petit Poucet.
A droite, à gauche, ici, plus loin, passent des grues.

Où trouver de l'argent? Où trouver un dîner?
Le temps est clair, très clair, bon pour se promener.
Ce soir, « ferais-tu l'œil », dis, Brébant, par mégarde?

Il dîne du fumet qui sort des restaurants.
Au ciel, la lune d'or doucement le regarde
et se donne des airs de pièce de vingt francs.

P. P. C.

Il était jeune et pauvre; il résolut d'attendre
qu'il eût de « l'estomac. » Elle avait un gros vieux,
comme seigneur d'amour, un banquier ennuyeux.
Pourtant elle aurait pu se passer de se vendre?

Elle était son désir. La blonde était si tendre
en ses babils charmeurs! Si doux étaient ses yeux,
lacs où se reflétait la profondeur des cieux!
Elle avait pris son cœur, qu'il n'avait pu reprendre.

Le temps morne accourut qui la poudra de blanc,
décharna ses longs os, fit son crâne branlant.
Le poète toujours lui demeura fidèle.

Et, lorsqu'il fut banquier, à l'aube des lilas,
un bouquet à la main, il retourna chez elle;
mais, la voyant si vieille, hélas! il ne put pas.

IDYLLE MORTE

A Edouard Detaille.

EN CHEMIN DE FER

Le train file au-devant du crépuscule gris.
« Adieu, grands boulevards où l'hiver m'exténue!
« Mes vices, nous partons vers la mer ingénue.
« O mer provinciale! ô toi qui nous guéris!

« Le cirque, les fêtards, les courses, les paris,
« l'absinthe, les baisers étranges, l'avenue
« du Bois, ma blonde mie, une acteuse connue,
« le tirage à cinq, bals, et tout! Adieu, Paris! »

La lune tout à coup, dans le ciel indécente,
le fait se rappeler sa maîtresse récente.
Il évoque des nuits, — c'est pour ça qu'il va loin —

où son savoir d'amour par elle fut en verve
et suit en sommeillant, accoté dans un coin,
la trépidation de l'express qui l'énerve.

AU COIN D'UN BOIS

En un chemin étroit, caché par la ramure,
le Parisien flânait, dans le bois coutumier,
lorsqu'apparut Margot, la fille du fermier.
La brune rougissait ses lèvres d'une mûre.

Le bois est empli d'ombre, et la brise murmure.
« La coquette!... à ta bouche, en galant braconnier,
« je cueillerai ce fruit... d'un baiser, ton premier ! »
Margot, de ses deux mains, a voilé sa figure.

Demandant le baiser, il l'a pris sur le cou;
elle se défendait : « Laissez!... Vous êtes fou!...
« Oh! que c'est mal, monsieur, de forcer une fille! »

Alors en l'étreignant : « Tu veux bien, n'est-ce pas?...
« Pourquoi pleurer?... »
Margot sourit dans la charmille.
sur des ronds de soleil ou bien d'ombre lilas.

LE PRÉ DES ÉTOILES.

Voici le vent plus frais, précurseur de l'automne.
Déjà depuis deux mois, pour son amant pervers,
la toute jeune couche, en des endroits divers,
dans les bois, dans les prés, son être monotone.

Des lampyres, au bord de la mer qui moutonne,
scintillaient, ce long soir d'adieu sur les foins verts,
où l'enfant, son corsage et le reste entr'ouverts,
lui donnait un beau corps qui d'abandon frissonne.

Et, très petits, dans l'herbe, étincelaient des feux,
des sexes d'émeraude essaimés autour d'eux.
Que vouliez-vous apprendre, ô lucioles vierges?

Rien. Mais il part, demain.
C'est pourquoi, — comme autour
d'un mort, près du cercueil, on allume des cierges, —
les vers luisants brillaient, éclairant leur amour.

OUBLI

Au pied d'une humble croix, parmi les hautes herbes,
gît un crâne terreux. De-ci, de-là, des os,
fémurs et tibias, sont rongés par les eaux.

Un moissonneur, au loin, chante en liant des gerbes.

Il chante les blés d'or des campagnes superbes,
et les prés. Dans le crâne, où vont les vermisseaux,
une fleur.
                    Sur les seuils, en tournant leurs fuseaux,
les aïeules, à l'ombre, ont des propos acerbes.

A côté de la fleur se traîne un limaçon.
Le crâne semble rire et donne le frisson;
Sur la croix est écrit un nom de jeune fille.

Fut-elle pastourelle, ainsi qu'Amaryllis?
Fut-elle blonde ou brune, et pour l'amour gentille?
Qui sait?
                    La fleur se meurt : c'est un myosotis.

CRÉPUSCULES

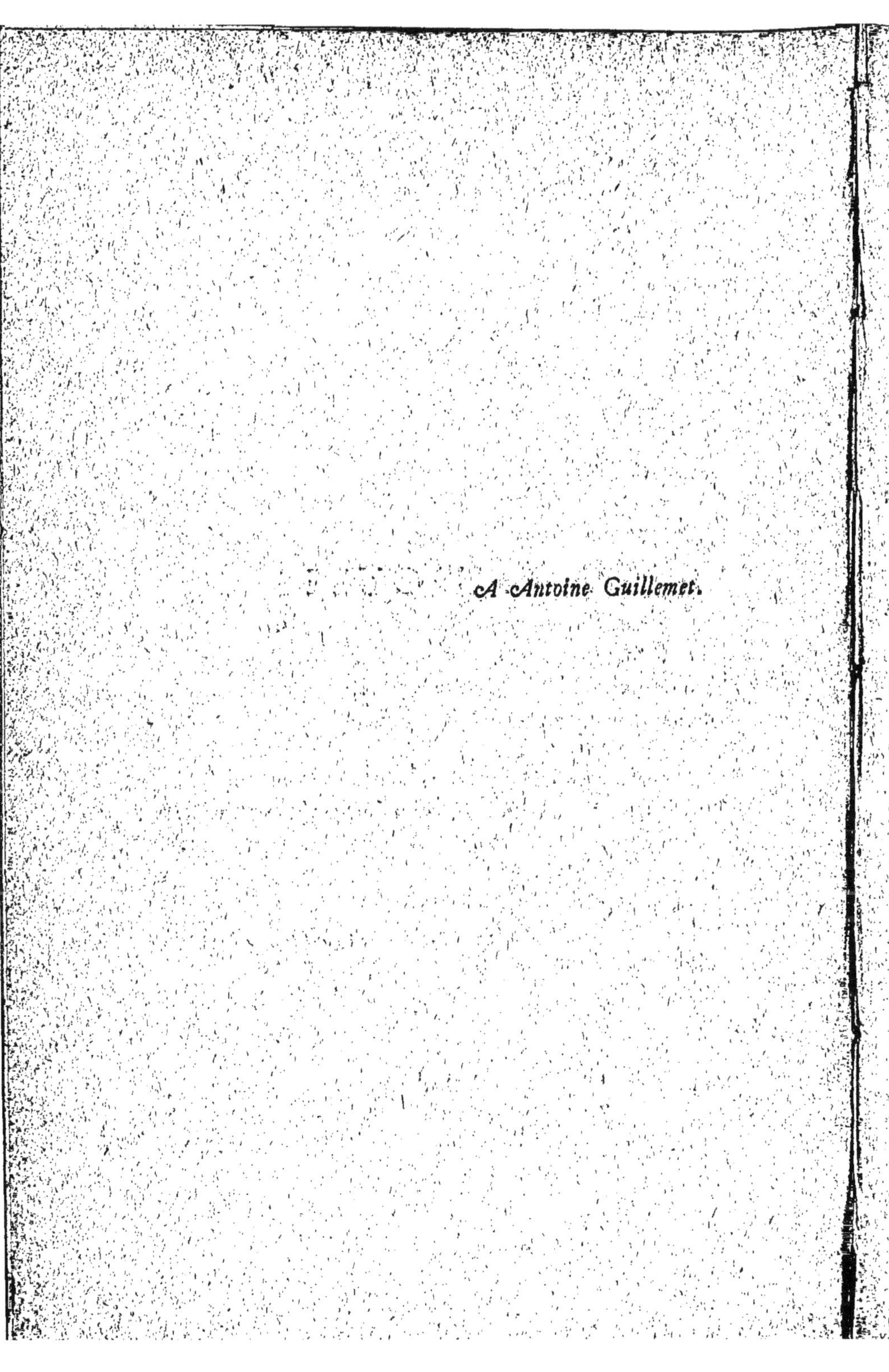

A Antoine Guillemet.

LES AMES

Le soleil, dans la pourpre et l'azur, lentement,
derrière les monts, tombe et s'enflamme. Il irise
et baigne de rayons l'antique et vaste église
qui paraît éprouver un chaud tressaillement.

La rosace, œil en feu du fauve monument,
reluit. Sur les vitraux, une madone assise,
que le peintre fit blonde et de taille bien prise,
de sa chaise en rubis regarde chastement.

Au pied des murs s'étend le cimetière sombre,
où, rongés par les vers, dorment des morts sans nombre,
tandis que, sur eux, l'herbe, épaisse et verte, croît.

Les souffles du soir, doux comme des voix de femmes,
pleurent dans les cyprès, — si tristement qu'on croit
entendre chuchoter les atomes des âmes.

L'HEURE GRISE

Le soir qui monte fait la nature indistincte;
le bourg et son clocher, le torrent caillouteux
s'étendent adoucis en des contours douteux.
Le paysage a pris une incertaine teinte.

Dans les bouleaux le vent murmure la complainte
de la mort du soleil en souffles ténébreux.
L'air, veuf de la clarté, geint comme un amoureux;
au vent se joint le pleur d'une cloche qui tinte.

C'est la fin d'un beau jour dans la belle saison.
Tombé, le soleil traîne encore à l'horizon
de grands lambeaux pourprés qui soudain s'interrompent.

L'étoile du berger scintille, et, dans l'air chaud,
parmi les vagues bruits des terres qui s'estompent,
on entend, au lointain, le cri doux d'un crapaud.

MIA

St James, 17 Mai 1886.

*
* *

Vous chérir toujours; toujours
vous dédier ma pensée,
c'est trop peu, ma fiancée,
pour nos fidèles amours.

Cœur qui viens à mon secours,
une chanson cadencée,
caresse recommencée,
c'est l'avenir.
Et, si courts,

les ans fuiront comme une heure.
Mia, — le baiser demeure
par ceux qui naîtront de nous.

Fort de toi, bien mieux je brave
les destins.
A tes genoux,
mon bonheur est un esclave.

St James, 17 Mai 1886.

*
* *

Vous chérir toujours; toujours
vous dédier ma pensée,
c'est trop peu, ma fiancée,
pour nos fidèles amours.

Cœur qui viens à mon secours,
une chanson cadencée,
caresse recommencée,
c'est l'avenir.
Et, si courts,

les ans fuiront comme une heure.
Mia, — le baiser demeure
par ceux qui naîtront de nous.

Fort de toi, bien mieux je brave
les destins.
A tes genoux,
mon bonheur est un esclave.

FIN

TABLE DES MATIÈRES

TABLE DES MATIÈRES

BIBLIOTHÈQUE NATIONALE
RF
DÉPÔT LÉGAL

Achevé d'imprimer

Le vingt septembre mil huit cent quatre-vingt-sept

PAR

ALPHONSE LEMERRE

(Bancel, *conducteur.*)

25, RUE DES GRANDS-AUGUSTINS

A PARIS

LIBRAIRIE ALPHONSE LEMERRE

ŒUVRES

DE

JULES BARBEY D'AUREVILLY

Édition petit in-12, pap. vélin (Petite Bibliothèque littéraire)

L'Ensorcelée. 1 vol. avec portrait . . . . 6 fr.
Une vieille Maitresse. 2 vol. . . . . 10 fr.
Le Chevalier des Touches. 1 vol. . . . . 6 fr.
Le Prêtre marié. 2 vol. . . . . 10 fr.
Les Diaboliques. 1 vol. . . . . 6 fr.
L'Amour impossible. — La Bague d'Annibal. 1 vol. . 6 fr.
Du Dandysme. — Memoranda. 1 vol. . . . . 6 fr.
Ce qui ne meurt pas. 2 vol. . . . . 10 fr.
6 Eaux-fortes dessinées et gravées par Félix Buhot, pour illustrer *le Chevalier des Touches.* Prix. 10 fr.
7 Eaux-fortes dessinées et gravées par Félix Buhot, pour illustrer *l'Ensorcelée.* Prix. . . . . . 10 fr.
11 Eaux-fortes dessinées et gravées par Félix Buhot, pour illustrer *la Vieille Maitresse.* Prix . . 15 fr.
10 Eaux-fortes dessinées et gravées par Félicien Rops, pour illustrer *les Diaboliques.* Prix . . . . . 15 fr.

Éditions diverses :

Une Histoire sans nom. 1 vol. in-18 . . . . 3 50
Ce qui ne meurt pas. 1 vol. in-18 . . . . 3 50
Du Dandysme et de Georges Brummel. 1 vol. petit in-12, papier teinté avec portraits de Brummel et de l'auteur, à vingt ans 3 50
Une Page d'Histoire (1603). 1 vol. petit in-12 avec deux eaux-fortes. . . . . 1 fr.

Paris. — Imp. A. Lemerre, 25, rue des Grands-Augustins.

www.ingramcontent.com/pod-product-compliance
Ingram Content Group UK Ltd.
Pitfield, Milton Keynes, MK11 3LW, UK
UKHW022109260726
13993UKWH00001B/405

9 782019 951870